COLLECTION POÉSIE

VICTOR HUGO

Les Chansons
des rues
et des bois

Édition présentée,
établie et annotée par
Jean Gaudon

GALLIMARD

PRÉFACE

« Rêver est permis aux vaincus. » Cette phrase qui se
glisse dans la préface des Chansons des rues et des bois,
nous voudrions savoir ce qui, inopinément et peut-être
inexorablement, l'amène à la surface d'un discours qui
semble si serein, si maîtrisé. Quel désarroi, quel besoin
subit d'aveu, et cela au seuil d'un recueil qui « chante »
l'amour, la nature, l'allégresse ? Hugo se souvient-il, en
cette fin de 1865, de ce « Cygne » que lui a naguère
dédié Baudelaire, où l'image de l'oiseau exilé, ridicule,
traînait dans son sillage d'autres images d'êtres
pitoyables ? Se souvient-il de la conclusion de ce poème
pathétique et cruel ?

Je pense aux matelots oubliés dans une île,
Aux captifs, aux vaincus !... à bien d'autres encor !

*Le vaincu rêve. Le solitaire se souvient. « A mon âge,
disait Chateaubriand, on n'a plus d'intrigue qu'avec sa
mémoire. » La préface, écrite peu de temps avant la
publication, en octobre 1865, a des relents d'apologie,
comme s'il fallait à tout prix se faire pardonner cette
allégresse, ou lui donner un autre sens. Comme au
temps des Contemplations — et même si toute référence
explicite à Léopoldine est censurée —, le souvenir est*

*frère de la mort. Les bouffées plus ou moins fictives
d'adolescence, qui constituent la première partie — et
qui correspondent à l'«Autrefois» des* Contempla-
tions —, *sont une « morte charmante ». La « Sagesse »,
titre de la seconde partie — elle correspond, elle, à
l'« Aujourd'hui » des* Contemplations —, *est attente et
espoir de la mort. « Chante, Chinois ! » dit dans* Le
Soulier de Satin *Don Balthazar, avant de s'écrouler,
sous la mousqueterie, au milieu des victuailles qui char-
gent la table.*

                              ✥

    *Le chansonnier était, au XIXᵉ siècle, un Chinois fort
considérable, à qui on faisait parfois l'honneur de le
mettre en prison. Béranger — puisqu'il faut l'appeler
par son nom — côtoyait, au temps de sa gloire, les
grands de ce monde, les Laffitte, les Casimir Perier, les
La Fayette, et séduisait le vicomte de Chateaubriand
qui lui donnait du « mon illustre ami ». A sa mort, en
1857, M. de Lamartine, qui aimait à monter l'escalier
de bois conduisant à l'appartement qu'habitait, sous les
toits, « l'homme-nation », répétait, dans un entretien
de son* Cours familier de littérature, *une phrase à faire
crever de jalousie tous les poètes qui voudraient croire à
l'efficacité de l'écriture : « On a dit, avec raison, que les
chansons de Béranger ont été les cartouches du peuple
pendant les combats des trois journées de Juillet. » Peu
sévère au régime néo-impérial, il avait eu pourtant de
vraies obsèques populaires et Badinguet n'avait pas
lésiné : « une armée entière » dit Lamartine, qui préfè-
re insister sur l'hommage des petites gens.
    Si Victor Hugo a été jaloux des lauriers du chantre
de Lisette ou du mythe des vers cartouches, il n'en a*

rien laissé voir, préférant ramener ce « *Français coupé de Gaulois* » à ses modestes proportions. Le seul poète contemporain, avec Lamartine, qui aurait pu lui porter ombrage, par sa popularité et par ses tirages, est enfoui dans une des nombreuses listes de William Shakespeare, entre *Musset* (que Hugo abhorrait) et *Silvio Pellico* ; une liste de quatre-vingt-quinze noms, qui se termine par celui de Lamartine ! Ailleurs, dans un texte destiné à ce même William Shakespeare, que Hugo garda finalement dans ses réserves, il traite le chansonnier avec une hauteur qui contraste désagréablement avec les pages émues et mesurées de Lamartine. Le nom de Béranger ne semble jamais lui traverser l'esprit lorsqu'il plaide en faveur d'une littérature populaire. Il se contente — hommage fort discret — de faire chanter à l'Eponine des Misérables trois vers de « Ma grand'mère », sans indication de provenance, une façon comme une autre de reconnaître que l'auteur était assez connu pour que l'on n'eût pas besoin de le nommer. D'ailleurs il en avait eu la preuve en 1840, lorsque, à Mayence, il avait entendu une jeune femme chanter une chanson de Béranger sous ses fenêtres. Il avait alors éprouvé le besoin généreux de dire à l'aîné l'admiration qu'il éprouvait pour une poésie si efficace et si chargée de sens. Il est vrai qu'ils œuvraient alors pour la même cause — du moins le croyaient-ils.

La Chine dont Béranger est l'empereur est peuplée de nombreux chanteurs dont le nom s'est parfois estompé, mais dont quelques refrains, après avoir longtemps traîné sur nos lèvres, font maintenant partie des espèces en danger. Il leur reste quelques rues dans les grandes villes et dans les banlieues populeuses, où ils ont trouvé une forme un peu dérisoire de survie. Se souviendrait-on encore, sans l'hommage municipal, des

noms de Désaugiers, dont Lamartine appréciait
« l'ivresse de verve », de Pierre Dupont qui eut, en 1851,
Baudelaire pour préfacier, de Gustave Nadaud, de
Jean-Baptiste Clément ? Combien de ceux qui peuvent
fredonner le refrain de L'Internationale savent qui est
Eugène Pottier ? La chanson qui réussit, qu'elle soit des
rues ou des bois, est celle qui se perd dans l'anonymat.
Sa manière d'intégrer l'événement au lieu commun, de
donner forme concrète et dimension temporelle exacte à
ce qui est habituellement perçu comme universel inten-
sifie sa force propre, la force d'un objet qui s'émancipe,
pour le meilleur et pour le pire, de son inventeur. La
chanson court le long du faubourg, de cabaret en caba-
ret, comme une traînée de poudre, et quiconque la
chante l'assume. Pour le chansonnier l'anonymat, qu'il
le veuille ou non, est une conquête.

Hugo ne s'est probablement jamais senti très
concerné par cette poésie, pas au point, en tout cas, de
vouloir sérieusement rivaliser avec elle. Homme du
livre, il est sans doute peu désireux de devenir cet
« homme collectif » que Lamartine saluait en Béranger.
Attentif, certainement, et conscient du rôle que les
chansonniers jouent ou pourraient jouer, même sous le
Second Empire, dans la France en sabots.

*

Faut-il rappeler que les productions des chansonniers
sont chantées avant d'être imprimées ? que « Le Temps
des cerises » n'est pas un poème et que Pierre Dupont,
qui compose aussi la musique, chante lui-même ses
« Bœufs » ? que les chansons de Béranger comportent, en
appendice, la musique originale ? En revanche, lors-
qu'un écrivain patenté, académicien ou académisable,

comme *Victor Hugo*, insère dans un recueil une « chanson », lorsque *Henri Heine* utilise le mot Lied, l'emploi du mot « chanson » ou du mot Lied proclame le désir de suppléer à la musique par divers artifices strictement poétiques. Lorsque *Schubert* et *Schumann*, *Gounod* et *Fauré*, donnent à ces poèmes, indépendants par nature, une parure musicale, leur transcription est une opération parasite qui n'affecte pas le poème. A quelques exceptions près — celle de *Brassens*, par exemple, mettant superbement en musique le poème « Guitare » des Rayons et les Ombres — ces musiciens sont eux aussi des musiciens « savants ». Le français, en distinguant entre chanson et mélodie (Littré eût voulu que l'on dît les romances de *Schubert*), fait tant bien que mal le départ entre le refrain que l'on reprend en chœur, entre hommes, à la taverne, ou que l'on chante dans les rues, dans les cours, comme dans un film de *René Clair*, et les feuillets ou l'album qu'on laisse traîner sur le coin du piano. Ces « chansons » au pied desquelles on ne dépose de la musique qu'accidentellement doivent leur titre ou leur sous-titre à l'observance de règles formelles assez floues : couplets brefs, refrains identiques ou variés, utilisation systématique de vers courts, dépassant rarement l'octosyllabe, le vers long (décasyllabe ou alexandrin) n'entrant que dans des combinaisons hétérométriques.

La fausse « chanson », œuvre des poètes, n'est pas nécessairement plus « mélodieuse » que d'autres combinaisons rythmiques, mais elle en donne, par mimétisme, l'impression : la rime revenant à des intervalles rapprochés, l'oreille est plus souvent surprise. A une époque où l'emporte le narratif, et, plus généralement, le discursif, la « chanson » est ce qui permet le mieux de saisir l'instant lyrique, sans mettre en branle les démarches *rhétoriques complexes qui régissent le « poème », sans que l'on ait l'impression de déboucher sur un système de l'univers. Que la tonalité soit « pittoresque » (« A Saint-Blaise, à la Zuecca » de Musset) ou intime (« Si vous n'avez rien à me dire » de Hugo), l'élan lyrique, tenu en lisières, se laisse enchâsser dans des bornes strictement définies, et donne naissance à un objet charmant et sans grandes conséquences, comme ces tabatières que certains amateurs du XVIIIᵉ siècle semblent préférer à Chardin. La chanson des poètes n'est jamais mobilisatrice et peu conviviale. On ne s'attend pas à trouver Galtizelba, « l'homme à la carabine », sur les barricades. Ni même dans les lieux où les hommes boivent ensemble.*

Hugo a écrit bon nombre de ces pièces légères et séduisantes dont on dit qu'elles chantent dans la mémoire. De la « Chanson de pirates » des Orientales à celle des « aventuriers de la mer » de la première série de La Légende des Siècles, il a jalonné la plupart de ses recueils poétiques de ces fragiles réussites, clironnantes ou chuchotées. Curieusement, il a semblé s'intéresser de moins en moins aux acrobaties rythmiques dont son jeune disciple, Théodore de Banville, se montrait féru. Peut-être s'est-il lassé de ces prouesses trop visibles et comme refermées sur elles-mêmes. Il a aussi écrit d'autres chansons, plus rugueuses, qui se rapprochent davantage de celles des chansonniers, jusqu'à prévoir un air (« Le Sacre, sur l'air de Malbrouck » et le douteux « Patria, sur une musique de Beethoven »). Il est vrai que c'était pour Châtiments, recueil de combat, par lequel Hugo cherchait ouvertement à influer sur le cours des événements : « J'effaroucherai le bourgeois peut-être, qu'est-ce que cela peut faire si je réveille le peuple ? » disait-il dans une lettre à Hetzel, *son éditeur, le 6 février 1853. Mais le miracle des vers cartouches ne se reproduisit pas, et la chanson à la manière des chansonniers, celle qui se chante, mourut de sa male mort sur les lèvres de Gavroche, au pied de la barricade de la rue Saint-Denis.*

⁘

Les Chansons des rues et des bois, *dit-on fréquemment depuis l'article de Barbey d'Aurevilly, ne sont pas des chansons (il ajoutait qu'elles n'étaient ni des rues, ni des bois). Rien de plus vrai, si l'on comprend par là que, dans son recueil, Hugo s'est délesté des quelques conventions formelles sur lesquelles il s'était généralement appuyé pour justifier l'emploi du mot chanson, et qu'il a renoncé à la variété rythmique isolant, par contraste, la « chanson » de ce qui l'environne (par exemple dans « Eviradnus »). En l'absence de points de repère, c'est au titre, et au titre seul, de transmettre le message essentiel : que le recueil entier appartient à un genre qui n'est pas un genre noble, la chanson. Les qualificatifs contribuent de leur côté à souligner son caractère populaire, les rues disant le petit peuple des faubourgs d'où partent les révolutions, les bois une nature non apprêtée. Cela à certaines conditions.*

Le peuple, que les Châtiments *n'ont pas réveillé et qui dort du sommeil de Lazare, Hugo est convaincu, comme toute la gauche française, qu'un jour viendra où il devra assumer son propre destin, et qu'il est du devoir du poète de l'y préparer. Paulin Limayrac le disait, dès 1853, dans un article de* La Presse *que Hugo a conservé : les écrivains, qui ont été, jadis, les précepteurs des grands et en particulier de l'héritier du trône, sont*

*maintenant responsables de l'éducation du nouveau
dauphin, le peuple.*

La leçon avait porté, et Hugo avait pesé les
conséquences d'un article qui avait été écrit à son inten-
tion et à sa gloire. Le mage, le génie sacré par Dieu
« dans les ténèbres des berceaux », mis par lui au-
dessus des autres hommes est donc aussi, et cela à cause
de cette prééminence même, le serviteur du peuple, « le
grand serviteur », dira-t-il dans William Shakespeare,
compensant par l'épithète la crudité du substantif.
Paradoxe fécond qu'entre les deux campagnes de rédac-
tion des Chansons Hugo tournera et retournera de
toutes les manières, à coups de ces alliances de mots que
nous appelons parfois oxymores, comme « bienfaiteur
farouche » (c'est Ezéchiel), parfois métaphore maxima,
comme « prisonnier dieu » (Eschyle). C'est le moment,
pense-t-il, de saisir à la crinière cette chance historique
qu'a la littérature de trouver un public neuf et de jouer
un rôle qui ne soit pas passif : « Jusqu'à ce jour, il y a
eu une littérature de lettrés (...) Ce qu'il faut à la civili-
sation, grande fille désormais, c'est une littérature du
peuple. » Pas de contresens possible sur ce qui convient
au « dauphin ». La littérature du peuple ne sera pas
celle de Béranger, « le plus littéraire des illettrés »,
toute l'œuvre de Hugo, dans sa volonté profonde, en
porte témoignage. Le précepteur génial qui propose,
dans William Shakespeare, le programme qui lui paraît
convenir à l'élève que l'histoire lui confie ne fait pas de
place à la littérature que l'on appelle populaire, pas
plus aux chansons des chansonniers qu'aux romans
industriels qui sont en train, Hugo doit le savoir, de
devenir un autre opium du peuple. A leur place, de
fortes et douces nourritures : Machiavel et Voltaire
pour inspirer « l'horreur » et « le mépris » des rois ;

Virgile et Juvénal, « grands poètes limpides ». Virgile
surtout, le « maître divin » des Voix intérieures.

La littérature « de lettrés », moribonde, est moins
dangereuse que les variétés diverses de la littérature
« populaire » qui, faisant bon marché des valeurs esthé-
tiques au nom de l'efficacité immédiate, obscurcissent
cette vérité, fondamentale aux yeux de Hugo, que le
fond n'est rien sans la forme, et que la beauté est en
elle-même civilisatrice. Croire que Béranger répond aux
besoins réels du peuple est pour Hugo une aberration,
et l'on imagine sa révolte devant la lettre par laquelle le
chansonnier justifiait, à l'intention de Chateaubriand,
ses « disparates » : « J'ai voulu essayer de transporter
la poésie dans les carrefours, et j'ai été conduit à la
chercher jusque dans le ruisseau : qui dit chansonnier
dit chiffonnier. Doit-on être surpris que ma pauvre
muse n'ait pas toujours une tunique bien propre ? La
moralité des rues doit attraper plus d'une éclabous-
sure. » Est-ce pour éviter les immondices que Hugo
préfère aux rues, mal représentées dans son recueil,
les allées forestières ? Si l'on désire que le dauphin
acquière des habitudes de propreté, il importe que le
précepteur brosse ses habits. « Rien des bas-fonds,
tout des sommets ! », ordonne le « génie » du livre.
Repoussant du pied la courte morale du chansonnier
prêcheur, Hugo élève le débat : « Nous voudrions
voir dans les villages une chaire expliquant Homère
aux paysans. »

L'égalité devant Homère, que Béranger, selon Hugo,
avait peu fréquenté, c'est toute la moralité, et toute la
poétique des Chansons.

※

*Egalité devant Homère, et égalité tout court. C'est la
mise à l'épreuve des préceptes de la « Réponse à un acte
d'accusation », ce poème des* Contemplations *dont on
n'a pas voulu comprendre le caractère programmati-
que, affectant d'y voir un* satisfecit *que Hugo se décer-
nait à lui-même, quand il s'agissait d'une étape capitale
dans une longue réflexion théorique. Les* Chansons
*reprennent cette notion d'égalité qui donne, à un
poème, son titre, la creusent, l'illustrent. La révolution
littéraire, disait la « Réponse à un acte d'accusation »,
consiste à supprimer, dans le langage, le système des
castes, les distinctions entre mots nobles et mots bas, et
tout ce que nous appellerions la diction poétique néo-
classique : périphrases, épithètes parasites, inversions,
tropes pléthoriques. A l'espérance d'un nouveau desti-
nataire, le peuple, doit répondre l'exigence d'un
nouveau message, c'est-à-dire d'une nouvelle diction.
Tout se tient, et pas seulement la forme et le fond, mais
aussi la langue, et la rhétorique, et la poétique, et la
morale, et la politique, et — pourquoi pas — ce que les
Allemands appelaient l'érotique.*

C'est à remplir ce contrat que les Chansons *s'appli-
quent. Comme promis, le bras y est « blanc tout simple-
ment ». Le bras, et aussi la main, le doigt, l'épaule, les
dents, le front. Massacrés, « l'albâtre, et la neige et
l'ivoire » ! On a pu faire des listes de mots considérés
comme bas, qui s'ébrouent joyeusement à travers le
recueil, en toute liberté, oubliant de faire remarquer,
car la critique a ses pudeurs, que le représentant du
peuple, vigoureux pourfendeur du « bon goût », ne s'en-
canaillait guère, et qu'il abandonnait les deux trans-
gressions majeures à deux grands aînés : Priape à Horace
et Bottom à Shakespeare. Ces deux-là, mieux protégés,
ne deviendront pas, pour Hugo, des noms communs.*

Rien ne sert, pourtant, de s'extasier sur les audaces lexicales. Dans les genres mineurs (par opposition aux grands genres, ode, épopée, tragédie) et à des niveaux divers, toutes les audaces sont permises : toutes puisque le « genre poissard » qui « imite, selon Littré, le langage et les mœurs du plus bas peuple » est répertorié et accepté — du bout des lèvres. Les mots « bas » de Hugo ne transgressent donc aucune loi, aucun usage : le persil *est aussi chez Boileau ; le* corset *chez La Fontaine, ainsi que le* galetas *; le* clapier *est dans Les Plaideurs ; le* mirliton *un peu partout. Le choix du genre — du titre — désamorce assez complètement cette mine, en fait un simple pétard.*

C'est, à première vue, solution de facilité, ou prudence. Il n'est qu'à voir comment Hugo, pour qui l'alexandrin est comme une seconde nature, refoule ce mètre, trop associé, malgré satires et épîtres, aux genres nobles, se contentant de marquer sa place de façon polémique, par des déclarations belliqueuses qui ne sont pas suivies d'effets :

> Saccage tout, jonche le Pinde
> De césures d'alexandrins

ou encore :

> Ami, l'étang révèle
> Et mêle brin à brin
> Une flore nouvelle
> Au vieil alexandrin.

Les risques inhérents à l'alexandrin, ce mètre dont Ronsard disait qu'il « sentait trop (sa) prose » sont du même coup à peu près abolis : plus d'inversions, de

« *colliers d'épithètes* », *plus de chevilles. C'est jouer sur
le velours, et l'on imagine que le faux grand-père à la
barbe en éventail a dû éprouver quelque plaisir à voir
ses Zoïles désarmés, Veuillot contraint de se cantonner
dans la thématique, et de clamer son horreur de ces
saturnales séniles, Barbey, l'ennemi de toujours, bais-
sant les bras et admirant la virtuosité. Mais la médaille
a son revers, et quoi qu'ait pu dire Hugo sur l'impor-
tance des* Chansons, *les précautions oratoires et les peti-
tes roueries ne sont efficaces qu'à court terme. Il est
trop facile, puisque l'auteur se prête au jeu, de dire que
les* Chansons *ne sont qu'un accident, un entracte, le
moment de repos que s'offre le guerrier. Le prologue le
dit, et aussi l'épilogue, ces deux poèmes qui mettent le
recueil entre parenthèses. La tentation est grande, une
fois le livre refermé, de le mettre à l'abri dans un
havre bien à lui, hors du courant, et de passer aux
choses sérieuses. Ce n'est pas, après tout, du « vrai »
Hugo.*

*Ce sont ces hypothèses et ces lectures qui sont, il faut
le dire avec force, faciles et prudentes. Il est essentiel de
comprendre que l'œuvre de Hugo, pendant l'exil, obéit à
une stratégie dont il serait exagérément naïf de faire le
substrat d'une pseudo-biographie intellectuelle. Fidèle à
la préface des* Contemplations, *Hugo a ordonné son
œuvre comme si tout ajout, toute nouvelle pierre,
constituait un épisode supplémentaire de ses « mémoi-
res d'une âme ». Dans cette perspective, la mise au vert
de Pégase se présente bien comme un entracte, car c'est
la seule manière de thématiser dans l'œuvre même le
retour à la contemplation de l'infini. Je ne considère
pas comme nul et non avenu le message de l'épilogue
et du prologue : ce sont, comme les autres poèmes, des
pièces que Hugo place sur l'échiquier pour donner une*

impulsion à ses « mémoires ». Rien cependant ne nous autorise à nous en servir pour annuler le recueil.

Le choix du genre chanson doit donc être envisagé comme un choix stratégique, et non comme une esquive devant des problèmes posés en porte à faux. Si le corset de Denise vaut la ceinture de Vénus, on ne voit pas pourquoi la chanson ne « vaudrait » pas les grands genres, et tant mieux si les Veuillot de service, ne s'apercevant pas des conséquences, se trouvent partiellement et provisoirement embarrassés. Tant mieux si l'égalité peut régner librement, sans polémique, sans même que référence puisse être faite aux « conventions ». Le nouveau dauphin n'a pas besoin de connaître La Harpe ou Dumarsais.

Son précepteur, il est vrai, a des tâches plus urgentes : lui rappeler que l'univers ne se borne pas au corset de Denise, et que l'égalité ne signifie pas que l'héritage culturel doive être écrasé ou oublié. A la différence du Daumier de l'« Histoire ancienne » ou d'Offenbach dont il voit La Belle Hélène *à Bruxelles le 6 juillet 1865, à la différence aussi du Scarron du* Virgile *travesti, Hugo ne cherche pas, dans les* Chansons, *à ramener Vénus au ruisseau et aux égouts du Bas-Empire. L'aspiration à l'égalité, ambitieuse, s'épanouit dans l'euphorie d'une rêverie qui envisage, sans trembler plus qu'il ne convient, la plus grande promotion sociale que l'on puisse envisager :*

— Mademoiselle, pardon,
Ne seriez-vous point déesse ?

La poésie qui fait « radieux » les torchons de « Choses vues à Créteil » n'a pas pour objectif de généraliser les haillons. La chlamyde vaut le jupon, car la chlamy-

de est le jupon : *vêtements « ad usum Delphini ». La culture gréco-latine garde ainsi valeur de référence. Pégase au vert ne se comprend que dans l'hypothèse d'Homère aux champs, Homère précepteur. Les* Chansons *sont l'utopie d'une fusion du naturel et du culturel par la suppression des « inégalités » inventées par la poétique néo-classique.*

L'image d'Homère est liée à toute une série de clichés, qui se rattachent, dans l'imagination du siècle, à un âge d'or mythique, où la plus haute poésie et l'obéissance aux instincts naturels vont de front. Un des poèmes les plus développés, et un des derniers écrits pour le recueil, immédiatement avant la mise en ordre du manuscrit, « Senior est junior », parle de « l'âme enfantine/D'Homère, vieux musicien ». Hors du temps chronologique, perdu, pour les besoins de la cause, dans une sorte d'intemporalité vague, cet âge d'or devient, dans les Chansons, *un ensemble de textes et de noms, renvoyant à un complexe « antique » (avec quelques connotations bibliques) aux frontières indécises. Obstinément, Hugo dénonce l'image académique de l'antiquité classique et cherche à rétablir le contact entre l'homme moderne et ce passé qui, rendu à sa vérité, doit continuer de nous parler. C'est pourquoi, et bien que le petit nain tout noir proclame, dans « Post-scriptum des rêves », qu'un verre de vin pur vaut mieux qu'une bibliothèque, on trouvera, dans les* Chansons, *moins de signes d'ébriété que de souvenirs de lectures. Le* genius libri *l'emporte symboliquement sur le* genius loci *que semble privilégier le titre. Les dieux de la jeunesse de Victor Hugo, Virgile et Horace, surgissent partout, directement et allusivement, à la faveur de cette confusion : citations plus ou moins dissimulées, allusions à la topographie, mélange de personnages de la*

fable et de personnages inventés, tout ce qui, dans les
Chansons, *rappelle l'antiquité classique, atteste la force
de la mémoire. Ces traces indélébiles, beaucoup mieux
attestées que les anecdotes galantes auxquelles Hugo
cherche, sans trop de conviction, à nous faire croire,
sont cette part du souvenir dont parle la préface, et
peut-être aussi la part du rêve : une manière de se rêver
une biographie selon un modèle culturel réinventé, de
se rêver une jeunesse qui aurait été un âge d'or. Les
biographes savent qu'il n'en fut rien, mais sait-on
toujours dans quelles oasis se réfugie l'imagination ? Le
récit du passé n'est ni plus vrai ni plus faux que la
description d'un présent dont nous savons bien que, sur
le plan du réel, il ne correspond, rigoureusement, à
rien :*

> Je vis aux champs ; j'aime et je rêve ;
> Je suis bucolique et berger ;
> Je dédie aux dents blanches d'Eve
> Tous les pommiers de mon verger.
>
> Je m'appelle Amyntas, Mnasyle,
> Qui vous voudrez ; je dis : Croyons,
> Pensons, aimons ! et je m'exile
> Dans les parfums et les rayons.

*Certes, entre l'indétermination du fantasme antique et
le présent, que l'on croirait éternel, de l'utopie natura-
liste, s'étend — troisième volet du triptyque — une
tranche de temps aux frontières vagues, utilisée comme
repoussoir : l'époque « classique » et ses séquelles, avec
laquelle Hugo, depuis la préface des* Odes et Ballades *de
1826, réglait périodiquement ses comptes. C'est pour-
quoi « le chêne du parc détruit » contemple sans nostal-*

gie le domaine effacé où se sont succédé des scènes
cruelles et ridicules, fausses amours, fausses grandeurs,
fausses beautés et vrais massacres. Car l'ordre qui
règne dans les lettres et dans les arts est un ordre
mortel. Le parc n'est qu'une nature avilie, une antithèse
de la nature véritable, et le « bon goût » s'oppose aux
« incorrections » du peuple comme la grille verrouillée
s'oppose aux empiétements du bœuf et du baudet :
échos de la « Réponse à un acte d'accusation » et préfi-
guration du William Shakespeare. Une série considé-
rable de poèmes, qui ne sont pas tous retenus pour les
Chansons, surenchérissent à l'envi sur ce thème fonda-
mental. « Le grand siècle », siècle de boue et de sang,
est le prélude à la Révolution et comme sa justification.

Exit le mythe. Entrée de l'Histoire. Celle qui s'écrit.
Celle dont on est le témoin. Traitée avec trop de désin-
volture par le rêveur d'âges d'or, elle se cabre, crée des
difficultés. En fait, la Révolution, présentée abstraite-
ment par Hugo comme un point zéro, un nouveau
départ de l'humanité, reste à faire. Cet exilé « dans les
parfums et les rayons » est un proscrit politique. Le
siècle de l'espérance est celui de la fausseté, de la frigi-
dité, de la fadeur, de la prostitution, du mercantilisme
triomphant, de la guerre inutile et atroce. Hugo écrit
« Depuis six mille ans la guerre » au lendemain du
carnage de Solférino. « Chante, Chinois ! »

Rien ne peut annuler cette trahison de l'Histoire,
plus évidente à mesure que passent les années,
que l'Empire s'installe, que les proscrits, amnistiés,
rentrent sagement au bercail, que les socialistes et les
chansonniers apprennent à s'accommoder du régime.
Rien, si ce n'est, précisément, ce rêve du vaincu qui
compense l'échec par une métaphore : « l'ordre du jour
de floréal » transpose la révolution à l'ordre naturel,

exalte la victoire du printemps sur l'hiver. Un autre le dira, sur un tout autre ton, quelques mois après la publication des Chansons : *le temps des cerises reviendra.*

Tout, dans les Chansons, *joue sur cette cassure entre la réalité historique et le chant prophétique, entre le bourbier où se débat l'homme moderne et la volonté d'espérance à tout crin. Cette faille, c'est le chant lui-même qui devra la colmater, par le jeu de l'allégorie autobiographique qui, avec humour et gravité, équilibre le vertige contemplatif par une utopie du réel. Geste héroïque, autoritaire, car Pégase ne se laisse pas faire, trop pressé qu'il est d'obéir à ce devoir poétique fondamental, ce devoir devenu désir, la quête sans fin du mystère sans visage, de l'au-delà qu'on appelle Dieu.*

Qu'importe. On lui fera violence, car il faut qu'il comprenne qu'il existe, au confluent du souvenir et du rêve, une manière d'être au monde qui n'est pas une fuite dans les espaces intersidéraux mais une reconquête du réel, la mise entre parenthèses de l'Histoire permettant un passage à la limite aussi vertigineux que les ruades cosmiques. C'est encore une question d'égalité. Quelques mois avant la première campagne de composition des Chansons des rues et des bois, *Hugo avait donné à ce conflit fondamental une image moins banale que les habituels* Janus bifrons *ou* Homo duplex. *C'était en octobre 1858. Dans un poème qui allait devenir la pièce liminaire de la première série de* La Légende des Siècles, *« Le Sacre de la femme », il mettait face à face, dans un cadre paradisiaque, Adam et Eve. Sacre sans épines ni restrictions, à cela près que le mâle y était crédité d'un pouvoir extraordinaire, la « contemplation », tandis que la femme se contentait de « regarder ». Contempler, c'est parcourir le domaine propre de*

Pégase et du « mage », c'est tenter d'appréhender les vérités occultées, c'est épier ce qui se cache dans les replis de l'univers. Regarder, c'est « laisser errer ses yeux sur la nature », s'abandonner à la volupté des formes et des couleurs, comme un voyageur qui s'enivre de ce qu'il voit, chatoiement infini de la surface, séduction de l'apparence. Les Chansons *sont la revanche d'Eve.*

    Pour les besoins de la cause, car il importe que cette revanche soit éclatante, Hugo reprend, à sa manière, le grand lieu commun poétique du potlatch *imaginaire. Pour la « douceur angevine », ou « la terre natale », ou un « air » mystérieux, Du Bellay, Lamartine et Nerval « donneraient » objets précieux, sensations rares, valeurs sûres de la culture occidentale. Lui, Hugo, fausse le jeu. A l'hyperbole hypothétique il répond par un présent de l'indicatif brusque et sec. Au sacrifice ritualisé qui nous plongerait au cœur de l'intimité, dans le domaine le plus privé qui soit, il oppose un lieu commun :*

> Ton pied sous ta robe passe,
> Jeanne, et j'aime mieux le voir,
> Que d'écouter dans l'espace
> Les sombres strophes du soir.

On voudrait crier au sacrilège. Treize ans plus tôt, en octosyllabes, le poète avait rejeté, de la même manière, la contemplation, mais c'était pour être « un homme qui passe,/ Tenant son enfant par la main ». Obscurcissant l'image de la fille morte, cette Jeanne que la fiction ne cherche jamais à individualiser (le dualisme : « Pour Jeanne seule »/ « Pour d'autres » est assez significatif !) n'est qu'un être sur lequel erre le regard, une pure

*surface. A ce niveau, les poncifs de l'intimité ne pèsent
pas plus lourd que ceux de la culture, ni que le dogme
sacro-saint de l'égalité. Peut-être commence-t-on à
entrevoir ce qu'avait de pénible, et d'héroïque, le dres-
sage de Pégase. Il s'agissait, en somme, de regarder en
face ce qu'on ne regarde pas. Veuillot avait-il tellement
tort d'évoquer Suzanne et les vieillards ?*

*L'érotisation de la vision s'accorde sans difficulté à la
mythologie primitiviste et aux deux pôles de l'utopie : le
culturel, par le biais des idylles et des oaristys, le natu-
rel à travers l'espèce de panérotisme dont Hugo, très
tôt, fait le ressort de ses évocations des paysages qu'il
traverse ou invente. La grande affaire des* Chansons,
*c'est donc cette fête du regard érotisé. Détail statis-
tique qui a son prix : le verbe* voir *est attesté plus
souvent, dans la partie « Jeunesse » des* Chansons, *que
tous les autres mots du lexique, à l'exception d'*être, *de*
faire *et de* tout. Avant dire *et* avoir *!*

*Une naïveté certaine a conduit quelques lecteurs du
recueil à s'étonner — et généralement à se réjouir — de
la chasteté inattendue de cette poésie qui fait peu de
place aux gestes de l'amour et se révèle, à l'examen, fort
peu priapique. Mais pourquoi Actéon serait-il moins
voluptueux que Priape ? Les silhouettes féminines qui,
dans* Les Chansons des rues et des bois, *s'offrent au
regard sont généralement habillées, parées même. Ce
que l'on entrevoit, le corps qui se dérobe, que l'on devi-
ne, l'emporte souvent sur le spectacle candide, sans
obstacles et sans subtilité. Ce n'est plus tout à fait le
regard d'Eve. Faut-il parler de voyeurisme ? Sans
doute. Mais aussi d'une volonté implacable d'aller aussi
loin que faire se peut dans la provocation, en encanail-
lant des mots qui appartenaient, par habitude et tradi-
tion, à la poésie « contemplative » :*

Le songeur te guette effaré
Quand tu montes à tes échelles
Sûre de ton bas bien tiré.

*Dans ces scènes polissonnes dans le goût de Fragonard,
le fantasme personnel se dévoile avec une impudeur
candide, et l'on peut s'étonner que Hugo n'hésite
pas à compromettre dans cette aventure l'image de lui-
même qu'il avait passé, au milieu des sarcasmes, tant
d'années à forger : celle du « songeur effaré ». Mieux :
une poignée de « mages », comprenant, pêle-mêle,
Pline (?), Dante, Shakespeare, Virgile et Chénier
servent de garants à ces activités louches, autorisant,
par leur gravité institutionnelle, des verbes un peu
pervers comme* guetter *et cette profusion de vêtements
et de sous-vêtements, ces corsets, ces cotillons, ces
dentelles, ces jupes et ces jupons, ces robes, et tous ces
accessoires de la toilette féminine dont « Dizain de
femmes » dit le charme. Quelques mois après que
Baudelaire a exalté, dans sa grande étude sur Constan-
tin Guys « peintre de la vie moderne », la modernité
spécifique de la parure féminine, Hugo défendra, dans*
William Shakespeare, *le goût moderne du « chiffon »
qui vaut, selon lui, la draperie antique. Peut-être est-ce
une coïncidence : celle de deux analyses ou de deux
prédilections rejetant avec la même hauteur les « chif-
fons » de Béranger, et s'assouvissant dans l'écriture.*

*Qu'importe, après tout, la genèse des passions et
l'histoire de leurs déguisements. Ce mélange détonnant
de voyeurisme et de voyance, cette insistance pour
compromettre, dans les fausses clartés de l'érotisme, la
contemplation même, ne sont pas dus à une distraction
ou à une méprise. Ils sont le dernier stade, extrême, de
l'égalisation, faisant des jeux du désir charnel, sous une*

forme que les honnêtes gens condamnent, la figure d'une autre quête, où le corps — la matière — n'a rien à faire : celle à laquelle Pégase, au début du livre, est arraché ; celle à laquelle, à la fin, il retourne. Même mise en scène, les voiles, les écrans, les obstacles s'interposant, dans les deux scénarios, entre le regard et le regardé, entre le voyeur/voyant et l'objet de sa quête, comme si, à une certaine profondeur, la distinction entre le voir et le contempler s'abolissait. Allons plus loin : la fuite sans fin de l'absolu devant l'œil du contemplateur n'est-elle pas, littéralement, mimée par cette quête impossible de la possession, ce rêve d'un passé auquel la préface confère un caractère en grande partie fantasmatique ? Entrevue dans les Chansons, *la Galatée virgilienne est, comme Isis, la figure emblématique de la quête absolue, la sombre vérité qui fuit devant le regard sans que cette fuite ait de fin. Là se rejoignent ce qu'on appelle les deux inspirations de Hugo : deux torrents nés d'une source souterraine unique, dérobée aux regard distraits.*

*

« Rêver est permis aux vaincus. » Dans quelques jours, le recueil paraîtra. Un livre peut-il transformer une défaite en victoire, ou n'est-il qu'une thérapeutique ? Est-il une réponse aux exigences du devoir, qui fait du vaincu un héros ? N'est-il que la pause à laquelle le lutteur fatigué a droit ? Hugo plaide coupable, oppose « l'illusion » d'autrefois aux sombres « conclusions » d'aujourd'hui. Pas de revendication. La parenthèse peut se refermer. Un projet de préface parle de « chant pour la liberté » (avec une variante intéressante : « chant pour la vie »), et d'« art pour le progrès ».

Tout cela tombe. A croire qu'il ne s'agirait que d'une
*réaction d'humeur au succès d'*Emaux et Camées.

   La figure du vaincu pourrait n'être qu'un profil
supplémentaire dans l'autobiographie fantasmatique et
nous n'y attacherions pas grande importance si elle ne
faisait ombre sur le livre lui-même. Non par la fiction
commode de la mise entre parenthèses, mais par tout ce
qui ronge et détruit, de l'intérieur, les ambitions idéolo-
giques. Il est inquiétant, par exemple, que ces Chansons
qui ne sont jamais « chansons des rues » (et le projet de
Poésies de Jean Prouvaire et chansons de Gavroche *ne*
sera jamais réalisé) présentent le recours à la nature
comme un refuge :

> Il est bien certain que les sources,
> Les arbres, pleins de doux ébats,
> Les champs, sont les seules ressources
> Que l'âme humaine ait ici-bas.

Inquiétant aussi que l'image de Paris, si vivante, si
vibrante dans Les Misérables *soit, tout au long du livre,*
affectée d'un quotient de dénigrement, poncif de la
vieille poésie romantique auquel Hugo avait dû, dans sa
jeunesse, de brillantes réussites. Inquiétant que le Paris
des barricades soit, dans les Chansons, *un « égout » et*
« la grande ville d'enfer ». L'absence des ces contre-
poids, qui permettraient de mettre les élans bucoliques
à la juste place qui leur revient, selon le titre, scelle, il
me semble, le constat d'échec. Un « Post-scriptum des
rêves », au titre surprenant (que l'on songe à ce « Post-
scriptum de ma vie », grand écrit en prose qui restera
un rêve), glissé, on ne sait trop pourquoi, dans la section
« Jeunesse », fait retentir avec insistance un « aujour-
d'hui » morne et désespérant :

Aujourd'hui que mon œil plus blême
Voit la griffe du sphinx à nu,
Et constate au fond du problème
Plus d'infini, plus d'inconnu

. . . .
O ciel bleu, je suis indulgent

Quand j'entends, dans le vague espace
Où toujours ma pensée erra,
Une belle fille qui passe
En chantant tradéridéra.

C'est la tonalité de Dieu, ce grand poème du piétinement que Hugo ne parvient pas à achever, plus poignante encore de s'insérer dans ces vers fleuris. Est-ce la moralité d'une poésie militante ? Cela se passait quelques jours après les 40 000 morts de Solférino.

Scandaleusement, on dirait que se glisse dans le livre une autre liberté, une liberté qui expliquerait le ton apologétique de la préface : la liberté d'écriture sans contrainte, sans trop se préoccuper du dauphin, ce nigaud qui ne sait pas encore — avouons-le — très bien lire, et qui n'appréciera pas la formidable désinvolture qui, çà et là, donne au recueil son cachet. On lui apprendra, naturellement, mais en attendant, inutile, n'est-ce pas, de faire du paternalisme, de se mettre « à sa portée », de lui mâcher le travail. Saura-t-il, un jour, passer de la pomme d'Eve à celle où s'impriment les dents de Moschus ? Comprendra-t-il toutes ces allusions, ces demi-citations, ces noms propres où le bourgeois perd son latin et où il y a bien davantage à perdre ! Homère aux champs ? Ce n'est qu'une étape. Après, ce sera plus ardu, et les lois de Jules Ferry et de ses successeurs n'y pourront rien. Il faudra toujours

*des notes, des gloses. Le « grand serviteur » doit bien le
savoir. Il bouffonne, prend la pose, donne à chaque
chose son nom comme s'il était Dieu le père, ordonne
souverainement l'univers du langage, légifère, s'amuse
comme un fou, fait rimer* Boccace *avec* bécasse, *trans-
forme son* dogue *en* molosse, *la* blanchisseuse *en* lavan-
dière, *comme s'il était dans l'*Odyssée, *parle de bucoli-
ques et de géorgiques, c'est-à-dire de lui-même, enfant
studieux qui a aimé avec passion cette poésie. Derrière
tout cela, un « Qui m'aime me suive » dépourvu d'illu-
sions. Il y a si longtemps qu'en réalité personne ne le suit...*

*Il aurait bien voulu, pourtant, qu'à défaut d'un
succès populaire, un poète plus jeune, pas un thuriférai-
re aveugle, pas un encenseur sur commande, quelqu'un
de plus indépendant... Baudelaire, par exemple. Pour-
quoi ne dit-il rien, celui-là ? On l'a pourtant assez câli-
né, assez flatté, assez nourri. Madame Hugo essaie
d'expliquer comme elle peut. Il est un peu « malade
d'esprit » et « l'éclat, le retentissement des vivants
l'offusquent[1] ». Heureusement que ni lui ni elle ne
savent ce que Baudelaire vient juste d'écrire à sa mère.
« Désappointement de tous les gens d'esprit, après
qu'ils l'ont lu. — Il a voulu, cette fois, être joyeux et
léger, et amoureux et se refaire jeune. C'est horrible-
ment lourd.[2] » Cet homme jeune, qui va mourir, et qui
parle au nom des « gens d'esprit » — quelle misère ! —*

---

1. Lettre d'Adèle à Victor Hugo, du 26 novembre 1865 (éd. chro-
nologique publiée sous la direction de Jean Massin, Club français
du livre, t. XIII, p. 736) en réponse à une lettre de Victor Hugo à
son fils François-Victor dans laquelle, le 14 novembre, il s'étonnait
du silence de Baudelaire (*ibid.*, p. 733).
2. A Mme Aupick, 3 novembre 1865 (Correspondance, texte établi,
présenté et annoté par Claude Pichois, avec la collaboration de Jean
Ziegler, Gallimard, Bibliothèque de la Pléiade, t. II, p. 541). Baude-

comment saurait-il ce que le vieux, sur son rocher, a voulu faire ? Il reste dehors, maussade, comme restent dehors les partisans inconditionnels, comme Banville pour qui la « forme » résume tout, et qui apprécie cet éclat des images, cette maîtrise du rythme, ces assonances et ces échos presque imperceptibles, le charme fugace de sensations qui enthousiasmeront Verlaine, ces naïvetés calculées qu'on dirait d'Apollinaire, ces fanfares qui se font chuchotement. La poésie du peuple déviera ainsi, petit à petit, vers les « lettrés », et surtout vers ceux qui ont décidé, une fois pour toutes, qu'ils abhorrent Victor Hugo. Le peuple héritera tout de même d'un poème ou deux : celui de l'alcôve sombre et celui, dépourvu de noms propres et d'allusions mythologiques, qui permettait à tous les Perrichons de citer à tout bout de champ « le geste auguste du semeur ». C'était avant les tracteurs. Injuste retour des choses : ce qui appartient au présent est maintenant ce qu'il y a de plus démodé, et ce semeur-là sera bientôt aussi incompréhensible que le bœuf Sarlabot. Les « lettrés » se retrouvent entre eux. Mais cette défaite-là, Hugo ne pouvait pas la prévoir.

Jean Gaudon

laire (qui avait réclamé un exemplaire du livre à Charles Hugo) trouvera l'article de Barbey d'Aurevilly trop tendre (voir lettre à Hippolyte Lejosne, du 16 novembre, *ibid.*, p. 546).

Les chansons
des rues et des bois

A un certain moment de la vie, si occupé qu'on soit de l'avenir, la pente à regarder en arrière est irrésistible. Notre adolescence, cette morte charmante, nous apparaît, et veut qu'on pense à elle. C'est d'ailleurs une sérieuse et mélancolique leçon que la mise en présence de deux âges dans le même homme, de l'âge qui commence et de l'âge qui achève ; l'un espère dans la vie, l'autre dans la mort.

Il n'est pas inutile de confronter le point de départ avec le point d'arrivée, le frais tumulte du matin avec l'apaisement du soir, et l'illusion avec la conclusion.

Le cœur de l'homme a un recto sur lequel est écrit *Jeunesse*, et un verso sur lequel est écrit *Sagesse*. C'est ce recto et ce verso qu'on trouvera dans ce livre.

La réalité est dans ce livre, modifiée par tout ce qui dans l'homme va au-delà du réel. Ce livre est écrit beaucoup avec le rêve, un peu avec le souvenir.

Rêver est permis aux vaincus ; se souvenir est permis aux solitaires.

Hauteville-House, octobre 1865.

LE CHEVAL

Je l'avais saisi par la bride ;
Je tirais, les poings dans les nœuds,
Ayant dans les sourcils la ride
De cet effort vertigineux.

C'était le grand cheval de gloire,
Né de la mer comme Astarté,
A qui l'aurore donne à boire
Dans les urnes de la clarté ;

L'alérion[1] aux bonds sublimes,
Qui se cabre, immense, indompté,
Plein du hennissement des cimes,
Dans la bleue immortalité.

Tout génie, élevant sa coupe,
Dressant sa torche, au fond des cieux,
Superbe, a passé sur la croupe
De ce monstre mystérieux.

Les poètes et les prophètes,
O terre, tu les reconnais
Aux brûlures que leur ont faites
Les étoiles de son harnais.

Il souffle l'ode, l'épopée,
Le drame, les puissants effrois,
Hors des fourreaux les coups d'épée,
Les forfaits hors du cœur des rois.

Père de la source sereine,
Il fait du rocher ténébreux
Jaillir pour les Grecs Hippocrène
Et Raphidim² pour les Hébreux.

Il traverse l'Apocalypse ;
Pâle, il a la mort sur son dos.
Sa grande aile brumeuse éclipse
La lune devant Ténédos.

Le cri d'Amos, l'humeur d'Achille
Gonfle sa narine et lui sied ;
La mesure du vers d'Eschyle,
C'est le battement de son pied.

Sur le fruit mort il penche l'arbre,
Les mères sur l'enfant tombé ;
Lugubre, il fait Rachel de marbre,
Il fait de pierre Niobé.

Quand il part, l'idée est sa cible ;
Quand il se dresse, crins au vent,
L'ouverture de l'impossible
Luit sous ses deux pieds de devant.

Il défie Eclair à la course ;
Il a le Pinde, il aime Endor³ ;
Fauve, il pourrait relayer l'Ourse
Qui traîne le Chariot d'or.

Il plonge au noir zénith ; il joue
Avec tout ce qu'on peut oser ;
Le zodiaque, énorme roue,
A failli parfois l'écraser.

Dieu fit le gouffre à son usage.
Il lui faut les cieux non frayés,
L'essor fou, l'ombre, et le passage
Au-dessus des pics foudroyés.

Dans les vastes brumes funèbres
Il vole, il plane ; il a l'amour
De se ruer dans les ténèbres
Jusqu'à ce qu'il trouve le jour.

Sa prunelle sauvage et forte
Fixe sur l'homme, atome nu,
L'effrayant regard qu'on rapporte
De ces courses dans l'inconnu.

Il n'est docile, il n'est propice
Qu'à celui qui, la lyre en main,
Le pousse dans le précipice,
Au-delà de l'esprit humain.

Son écurie, où vit la fée,
Veut un divin palefrenier ;
Le premier s'appelait Orphée ;
Et le dernier, André Chénier.

Il domine notre âme entière ;
Ezéchiel sous le palmier
L'attend, et c'est dans sa litière
Que Job prend son tas de fumier.

Malheur à celui qu'il étonne
Ou qui veut jouer avec lui !
Il ressemble au couchant d'automne
Dans son inexorable ennui.

Plus d'un sur son dos se déforme ;
Il hait le joug et le collier ;
Sa fonction est d'être énorme
Sans s'occuper du cavalier.

Sans patience et sans clémence,
Il laisse, en son vol effréné,
Derrière sa ruade immense
Malebranche désarçonné.

Son flanc ruisselant d'étincelles
Porte le reste du lien
Qu'ont tâché de lui mettre aux ailes
Despréaux et Quintilien.

Pensif, j'entraînais loin des crimes,
Des dieux, des rois, de la douleur,
Ce sombre cheval des abîmes
Vers le pré de l'idylle en fleur.

Je le tirais vers la prairie
Où l'aube, qui vient s'y poser,
Fait naître l'églogue attendrie
Entre le rire et le baiser.

C'est là que croît, dans la ravine
Où fuit Plaute, où Racan se plaît,
L'épigramme, cette aubépine,
Et ce trèfle, le triolet.

C'est là que l'abbé Chaulieu prêche,
Et que verdit sous les buissons
Toute cette herbe tendre et fraîche
Où Segrais cueille ses chansons.

Le cheval luttait ; ses prunelles,
Comme le glaive et l'yatagan,
Brillaient ; il secouait ses ailes
Avec des souffles d'ouragan.

Il voulait retourner au gouffre ;
Il reculait, prodigieux,
Ayant dans ses naseaux le soufre
Et l'âme du monde en ses yeux.

Il hennissait vers l'invisible ;
Il appelait l'ombre au secours ;
A ses appels le ciel terrible
Remuait des tonnerres sourds.

Les bacchantes heurtaient leurs cistres,
Les sphinx ouvraient leurs yeux profonds ;
On voyait, à leurs doigts sinistres,
S'allonger l'ongle des griffons.

Les constellations en flamme
Frissonnaient à son cri vivant
Comme dans la main d'une femme
Une lampe se courbe au vent.

Chaque fois que son aile sombre
Battait le vaste azur terni,
Tous les groupes d'astres de l'ombre
S'effarouchaient dans l'infini.

Moi, sans quitter la plate-longe,
Sans le lâcher, je lui montrais
Le pré charmant, couleur de songe,
Où le vers rit sous l'antre frais.

Je lui montrais le champ, l'ombrage,
Les gazons par juin attiédis ;
Je lui montrais le pâturage
Que nous appelons paradis.

— Que fais-tu là ? me dit Virgile.
Et je répondis, tout couvert
De l'écume du monstre agile :
— Maître[4], je mets Pégase au vert.

Livre premier

JEUNESSE

I

Floréal

I

ORDRE DU JOUR DE FLORÉAL

Victoire, amis ! je dépêche
En hâte et de grand matin
Une strophe toute fraîche
Pour crier le bulletin.

J'embouche sur la montagne
La trompette aux longs éclats ;
Sachez que le printemps gagne
La bataille des lilas.

Jeanne met dans sa pantoufle
Son pied qui n'est plus frileux ;
Et voici qu'un vaste souffle
Emplit les abîmes bleus.

L'oiseau chante, l'agneau broute ;
Mai, poussant des cris railleurs,
Crible l'hiver en déroute
D'une mitraille de fleurs.

Orphée, aux bois du Caÿstre[1],
Ecoutait, quand l'astre luit,
Le rire obscur et sinistre
Des inconnus de la nuit.

Phtas, la sibylle thébaine,
Voyait près de Phygalé[2]
Danser des formes d'ébène
Sur l'horizon étoilé.

Eschyle errait à la brune
En Sicile, et s'enivrait
Des flûtes du clair de lune
Qu'on entend dans la forêt.

Pline, oubliant toutes choses
Pour les nymphes de Milet,
Epiait leurs jambes roses
Quand leur robe s'envolait.

Plaute, rôdant à Viterbe
Dans les vergers radieux,
Ramassait parfois dans l'herbe
Des fruits mordus par les dieux.

Versaille est un lieu sublime
Où le faune, un pied dans l'eau,
Offre à Molière la rime,
Etonnement de Boileau.

Le vieux Dante, à qui les âmes
Montraient leur sombre miroir,
Voyait s'évader des femmes
Entre les branches le soir.

André Chénier sous les saules
Avait l'éblouissement
De ces fuyantes épaules
Dont Virgile fut l'amant.

Shakspeare, aux aguets derrière
Le chêne aux rameaux dormants,
Entendait dans la clairière
De vagues trépignements.

O feuillage, tu m'attires ;
Un dieu t'habite ; et je crois
Que la danse des satyres
Tourne encore au fond des bois.

III

ΨΥΧΗ

Psyché dans ma chambre est entrée,
Et j'ai dit à ce papillon :
— « Nomme-moi la chose sacrée.
« Est-ce l'ombre ? est-ce le rayon ?

« Est-ce la musique des lyres ?
« Est-ce le parfum de la fleur ?
« Quel est entre tous les délires
« Celui qui fait l'homme meilleur ?

« Quel est l'encens ? quelle est la flamme ?
« Et l'organe de l'avatar,
« Et pour les souffrants le dictame,
« Et pour les heureux le nectar ?

« Enseigne-moi ce qui fait vivre,
« Ce qui fait que l'œil brille et voit !
« Enseigne-moi l'endroit du livre
« Où Dieu pensif pose son doigt.

« Qu'est-ce qu'en sortant de l'Erèbe
« Dante a trouvé de plus complet ?
« Quel est le mot des sphinx de Thèbe
« Et des ramiers du Paraclet[1] ?

« Quelle est la chose, humble et superbe,
« Faite de matière et d'éther,
« Où Dieu met le plus de son verbe
« Et l'homme le plus de sa chair ?

« Quel est le pont que l'esprit montre,
« La route de la fange au ciel,
« Où Vénus Astarté rencontre
« A mi-chemin Ithuriel[2] ?

« Quelle est la clef splendide et sombre,
« Comme aux élus chère aux maudits,
« Avec laquelle on ferme l'ombre
« Et l'on ouvre le paradis ?

« Qu'est-ce qu'Orphée et Zoroastre,
« Et Christ que Jean vint suppléer,
« En mêlant la rose avec l'astre,
« Auraient voulu pouvoir créer ?

« Puisque tu viens d'en haut, déesse,
« Ange, peut-être le sais-tu ?
« O Psyché ! quelle est la sagesse ?
« O Psyché ! quelle est la vertu ?

« Qu'est-ce que, pour l'homme et la terre,
« L'infini sombre a fait de mieux ?
« Quel est le chef-d'œuvre du père ?
« Quel est le grand éclair des cieux ? »

Posant sur mon front, sous la nue,
Ses ailes qu'on ne peut briser,
Entre lesquelles elle est nue,
Psyché m'a dit : C'est le baiser.

IV

LE POÈTE BAT AUX CHAMPS

I

Aux champs, compagnons et compagnes !
Fils, j'élève à la dignité
De géorgiques les campagnes
Quelconques où flambe l'été !

Flamber, c'est là toute l'histoire
Du cœur, des sens, de la saison,
Et de la pauvre mouche noire
Que nous appelons la raison.

Je te fais molosse, ô mon dogue !
L'acanthe manque ? j'ai le thym.
Je nomme Vaugirard églogue ;
J'installe Amyntas[1] à Pantin.

La nature est indifférente
Aux nuances que nous créons
Entre Gros-Guillaume et Dorante ;
Tout pampre a ses Anacréons.

L'idylle volontiers patoise.
Et je ne vois point que l'oiseau
Préfère Haliarte à Pontoise
Et Coronée à Palaiseau.

Les plus beaux noms de la Sicile
Et de la Grèce ne font pas
Que l'âne au fouet soit plus docile,
Que l'amour fuie à moins grands pas.

Les fleurs sont à Sèvre aussi fraîches
Que sur l'Hybla, cher au sylvain ;
Montreuil mérite avec ses pêches
La garde du dragon divin.

Marton nue est Phyllis sans voiles ;
Fils, le soir n'est pas plus vermeil,
Sous son chapeau d'ombre et d'étoiles,
A Banduse qu'à Montfermeil.

Bercy pourrait griser sept Sages ;
Les Auteuils sont fils des Tempés ;
Si l'Ida sombre a des nuages,
La guinguette a des canapés.

Rien n'est haut ni bas ; les fontaines
Lavent la pourpre et le sayon ;
L'aube d'Ivry, l'aube d'Athènes,
Sont faites du même rayon.

J'ai déjà dit parfois ces choses,
Et toujours je les redirai ;
Car du fond de toutes les proses
Peut s'élancer le vers sacré.

Si Babet a la gorge ronde,
Babet égale Pholoé.
Comme Chypre la Beauce est blonde.
Larifla descend d'Evohé.

Toinon, se baignant sur la grève,
A plus de cheveux sur le dos
Que la Callyrhoé qui rêve
Dans le grand temple d'Abydos.

Çà, que le bourgeois fraternise
Avec les satyres cornus !
Amis, le corset de Denise
Vaut la ceinture de Vénus.

II

Donc, fuyons Paris ! plus de gêne !
Bergers, plantons là Tortoni[2] !
Allons boire à la coupe pleine
Du printemps, ivre d'infini.

Allons fêter les fleurs exquises,
Partons ! quittons, joyeux et fous,
Pour les dryades, les marquises,
Et pour les faunes, les voyous !

Plus de bouquins, point de gazettes !
Je hais cette submersion.
Nous irons cueillir des noisettes
Dans l'été, fraîche vision.

La banlieue, amis, peut suffire.
La fleur, que Paris souille, y naît.
Flore y vivait avec Zéphyre
Avant de vivre avec Brunet[3].

Aux champs les vers deviennent strophes.
A Paris l'étang, c'est l'égout.
Je sais qu'il est des philosophes
Criant très haut : — « Lutèce est tout !

« Les champs ne valent pas la ville ! »
Fils, toujours le bon sens hurla
Quand Voltaire à Damilaville[4]
Dit ces calembredaines-là.

III

Aux champs, la nuit est vénérable,
Le jour rit d'un rire enfantin ;
Le soir berce l'orme et l'érable,
Le soir est beau ; mais le matin,

Le matin, c'est la grande fête ;
C'est l'auréole où la nuit fond,
Où le diplomate a l'air bête,
Où le bouvier a l'air profond.

La fleur d'or du pré d'azur sombre,
L'astre, brille au ciel clair encor ;
En bas, le bleuet luit dans l'ombre,
Etoile bleue en un champ d'or.

L'oiseau court, les taureaux mugissent ;
Les feuillages sont enchantés ;
Les cercles du vent s'élargissent
Dans l'ascension des clartés.

L'air frémit ; l'onde est plus sonore ;
Toute âme entrouvre son secret ;
L'univers croit, quand vient l'aurore,
Que sa conscience apparaît.

IV

Quittons Paris et ses casernes.
Plongeons-nous, car les ans sont courts,
Jusqu'aux genoux dans les luzernes
Et jusqu'au cœur dans les amours.

Joignons les baisers aux spondées ;
Souvenons-nous que le hautbois
Donnait à Platon des idées
Voluptueuses, dans les bois.

Vanve[5] a d'indulgentes prairies ;
Ville-d'Avray ferme les yeux
Sur les douces gamineries
Des cupidons mystérieux.

Là, les Jeux, les Ris et les Farces
Poursuivent, sous les bois flottants,
Les chimères de joie éparses
Dans la lumière du printemps.

L'onde à Triel est bucolique ;
Asnière a des flux et reflux
Où vogue l'adorable clique
De tous ces petits dieux joufflus.

Le sel attique et l'eau de Seine
Se mêlent admirablement.
Il n'est qu'une chose malsaine,
Jeanne, c'est d'être sans amant.

Que notre ivresse se signale !
Allons où Pan nous conduira.
Ressuscitons la bacchanale,
Cette aïeule de l'opéra.

Laissons, et même envoyons paître
Les bœufs, les chèvres, les brebis,
La raison, le garde champêtre !
Fils, avril chante, crions bis !

Qu'à Gif, grâce à nous, le notaire
Et le marguillier soient émus,
Fils, et qu'on entende à Nanterre
Les vagues flûtes de l'Hémus !

Acclimatons Faune à Vincenne,
Sans pourtant prendre pour conseil
L'immense Aristophane obscène,
Effronté comme le soleil.

Rions du maire, ou de l'édile ;
Et mordons, en gens convaincus,
Dans cette pomme de l'idylle
Où l'on voit les dents de Moschus.

INTERRUPTION

À UNE LECTURE DE PLATON

Je lisais Platon. — J'ouvris
La porte de ma retraite,
Et j'aperçus Lycoris[1],
C'est-à-dire Turlurette.

Je n'avais pas dit encor
Un seul mot à cette belle.
Sous un vague plafond d'or
Mes rêves battaient de l'aile.

La belle, en jupon gris-clair,
Montait l'escalier sonore ;
Ses frais yeux bleus avaient l'air
De revenir de l'aurore.

Elle chantait un couplet
D'une chanson de la rue
Qui dans sa bouche semblait
Une lumière apparue.

Son front éclipsa Platon.
O front céleste et frivole !
Un ruban sous son menton
Rattachait son auréole.

Elle avait l'accent qui plaît,
Un foulard pour cachemire,
Dans sa main son pot au lait,
Des flammes dans son sourire.

Et je lui dis (le Phédon
Donne tant de hardiesse !) :
— Mademoiselle, pardon,
Ne seriez-vous pas déesse ?

Quand les guignes furent mangées,
Elle s'écria tout à coup :
— J'aimerais bien mieux des dragées.
Est-il ennuyeux, ton Saint-Cloud !

On a grand-soif ; au lieu de boire,
On mange des cerises ; voi,
C'est joli, j'ai la bouche noire
Et j'ai les doigts bleus ; laisse-moi. —

Elle disait cent autres choses,
Et sa douce main me battait.
O mois de juin ! rayons et roses !
L'azur chante et l'ombre se tait.

J'essuyai, sans trop lui déplaire,
Tout en la laissant m'accuser,
Avec des fleurs sa main colère,
Et sa bouche avec un baiser.

VII

GENIO LIBRI

O toi qui dans mon âme vibres,
O mon cher esprit familier[1],
Les espaces sont clairs et libres ;
J'y consens, défais ton collier,

Mêle les dieux, confonds les styles,
Accouple au pœan les agnus ;
Fais dans les grands cloîtres hostiles
Danser les nymphes aux seins nus.

Sois de France, sois de Corinthe,
Réveille au bruit de ton clairon
Pégase fourbu qu'on éreinte
Au vieux coche de Campistron[2].

Tresse l'acanthe et la liane ;
Grise l'augure avec l'abbé ;
Que David contemple Diane,
Qu'Actéon guette Bethsabé.

Du nez de Minerve indignée
Au crâne chauve de saint Paul
Suspends la toile d'araignée
Qui prendra les rimes au vol.

Fais rire Marion courbée
Sur les œgipans ahuris.
Cours, saute, emmène Alphésibée[3]
Souper au Café de Paris.

Sois gai, hardi, glouton, vorace ;
Flâne, aime ; sois assez coquin
Pour rencontrer parfois Horace
Et toujours éviter Berquin.

Peins le nu d'après l'Homme antique,
Païen et biblique à la fois,
Constate la pose plastique
D'Eve ou de Rhée au fond des bois.

Des amours observe la mue.
Défais ce que les pédants font,
Et, penché sur l'étang, remue
L'art poétique jusqu'au fond.

Trouble La Harpe, ce coq d'Inde,
Et Boileau, dans leurs sanhédrins ;
Saccage tout ; jonche le Pinde
De césures d'alexandrins.

Prends l'abeille pour sœur jumelle ;
Aie, ô rôdeur du frais vallon,
Un alvéole à miel, comme elle,
Et, comme elle, un brave aiguillon.

Plante là toute rhétorique,
Mais au vieux bon sens fais écho ;
Monte en croupe sur la bourrique,
Si l'ânier s'appelle Sancho.

Qu'Argenteuil soit ton Pausilippe.
Sois un peu diable, et point démon,
Joue, et pour Fanfan la Tulipe
Quitte Ajax fils de Télamon.

Invente une églogue lyrique
Prenant terre au bois de Meudon,
Où le vers danse une pyrrhique
Qui dégénère en rigodon.

Si Loque, Coche, Graille et Chiffe
Dans Versailles viennent à toi,
Présente galamment la griffe
A ces quatre filles de roi.

Si Junon s'offre, fais ta tâche ;
Fête Aspasie, admets Ninon ;
Si Goton vient, sois assez lâche
Pour rire et ne pas dire : Non.

Sois le chérubin et l'éphèbe.
Que ton chant libre et disant tout
Vole, et de la lyre de Thèbe
Aille au mirliton de Saint-Cloud.

Qu'en ton livre, comme au bocage,
On entende un hymne, et jamais
Un bruit d'ailes dans une cage !
Rien des bas-fonds, tout des sommets !

Fais ce que tu voudras, qu'importe !
Pourvu que le vrai soit content ;
Pourvu que l'alouette sorte
Parfois de ta strophe en chantant ;

Pourvu que Paris où tu soupes
N'ôte rien à ton naturel ;
Que les déesses dans tes groupes
Gardent une lueur du ciel ;

Pourvu que la luzerne pousse
Dans ton idylle, et que Vénus
Y trouve une épaisseur de mousse
Suffisante pour ses pieds nus ;

Pourvu que Grimod la Reynière
Signale à Brillat-Savarin
Une senteur de cressonnière
Mêlée à ton hymne serein ;

Pourvu qu'en ton poème tremble
L'azur réel des claires eaux ;
Pourvu que le brin d'herbe y semble
Bon au nid des petits oiseaux ;

Pourvu que Psyché soit baisée
Par ton souffle aux cieux réchauffé ;
Pourvu qu'on sente la rosée
Dans ton vers qui boit du café.

II

*Les Complications
de l'idéal*

PAULO MINORA CANAMUS[1]

A un ami

C'est vrai, pour un instant je laisse
Tous nos grands problèmes profonds ;
Je menais des monstres en laisse,
J'errais sur le char des griffons.

J'en descends ; je mets pied à terre ;
Plus tard, demain, je pousserai
Plus loin encor dans le mystère
Les strophes au vol effaré.

Mais l'aigle aujourd'hui me distance ;
(Sois tranquille, aigle, on t'atteindra)
Ma strophe n'est plus qu'une stance ;
Meudon remplace Denderah.

Je suis avec l'onde et le cygne,
Dans les jasmins, dans floréal,
Dans juin, dans le blé, dans la vigne,
Dans le grand sourire idéal.

Je sors de l'énigme et du songe.
La mort, le joug, le noir, le bleu,
L'échelle des êtres qui plonge
Dans ce gouffre qu'on nomme Dieu ;

Les vastes profondeurs funèbres,
L'abîme infinitésimal,
La sombre enquête des ténèbres,
Le procès que je fais au mal ;

Mes études sur tout le bagne,
Sur les Juifs, sur les Esclavons ;
Mes visions sur la montagne ;
J'interromps tout cela ; vivons.

J'ajourne cette œuvre insondable ;
J'ajourne Méduse et Satan ;
Et je dis au sphinx formidable :
Je parle à la rose, va-t'en.

Ami, cet entracte te fâche.
Qu'y faire ? les bois sont dorés ;
Je mets sur l'affiche : Relâche ;
Je vais rire un peu dans les prés.

Je m'en vais causer dans la loge
D'avril, ce portier de l'été.
Exiges-tu que j'interroge
Le bleuet sur l'éternité ?

Faut-il qu'à l'abeille en ses courses,
Au lys, au papillon qui fuit,
A la transparence des sources,
Je montre le front de la nuit ?

Faut-il, effarouchant les ormes,
Les tilleuls, les joncs, les roseaux,
Pencher les problèmes énormes
Sur le nid des petits oiseaux ?

Mêler l'abîme à la broussaille ?
Mêler le douté à l'aube en pleurs ?
Quoi donc ! ne veux-tu pas que j'aille
Faire la grosse voix aux fleurs ?

Sur l'effrayante silhouette
Des choses que l'homme entrevoit,
Vais-je interpeller l'alouette
Perchée aux tuiles de mon toit ?

Ne serai-je pas à cent lieues
Du bon sens, le jour où j'irai
Faire expliquer aux hochequeues
Le latin du Dies Iræ ?

Quand, de mon grenier, je me penche
Sur la laveuse qu'on entend,
Joyeuse, dans l'écume blanche
Plonger ses coudes en chantant,

Veux-tu que, contre cette sphère
De l'infini sinistre et nu
Où saint Jean frémissant vient faire
Des questions à l'Inconnu,

Contre le globe âpre et sans grèves,
Sans bornes, presque sans espoir,
Où la vague foudre des rêves
Se prolonge dans le ciel noir.

Contre l'astre et son auréole,
Contre l'immense que-sait-on,
Je heurte la bulle qui vole
Hors du baquet de Jeanneton ?

II

RÉALITÉ

La nature est partout la même,
A Gonesse comme au Japon.
Mathieu Dombasle[1] est Triptolème ;
Une chlamyde est un jupon.

Lavallière dans son carrosse,
Pour Louis ou pour Mars épris,
Etait tout juste aussi féroce
Qu'en son coquillage Cypris.

O fils et frères, ô poètes,
Quand la chose est, dites le mot.
Soyez de purs esprits, et faites.
Rien n'est bas quand l'âme est en haut.

Un hoquet à Silène échappe
Parmi les roses de Pœstum.
Quand Horace étale Priape,
Shakspeare peut risquer Bottom[2].

La vérité n'a pas de bornes.
Grâce au grand Pan, dieu bestial,
Fils, le réel montre ses cornes
Sur le front bleu de l'idéal.

III

EN SORTANT DU COLLÈGE

PREMIÈRE LETTRE

Puisque nous avons seize ans,
Vivons, mon vieux camarade,
Et cessons d'être innocents ;
Car c'est là le premier grade.

Vivre c'est aimer. Apprends
Que, dans l'ombre où nos cœurs rêvent,
J'ai vu deux yeux bleus, si grands
Que tous les astres s'y lèvent.

Connais-tu tous ces bonheurs ?
Faire des songes féroces,
Envier les grands seigneurs
Qui roulent dans des carrosses,

Avoir la fièvre, enrager,
Etre un cœur saignant qui s'ouvre,
Souhaiter d'être un berger
Ayant pour cahute un Louvre,

Sentir, en mangeant son pain
Comme en ruminant son rêve,

L'amertume du pépin
De la sombre pomme d'Eve ;

Etre amoureux, être fou,
Etre un ange égal aux oies,
Etre un forçat sous l'écrou ;
Eh bien, j'ai toutes ces joies !

Cet être mystérieux
Qu'on appelle une grisette
M'est tombé du haut des cieux.
Je souffre. J'ai la recette.

Je sais l'art d'aimer ; j'y suis
Habile et fort au point d'être
Stupide, et toutes les nuits
Accoudé sur ma fenêtre.

DEUXIÈME LETTRE

Elle habite en soupirant
La mansarde mitoyenne.
Parfois sa porte, en s'ouvrant,
Pousse le coude à la mienne.

Elle est fière ; parlons bas.
C'est une forme azurée
Qui, pour ravauder des bas,
Arrive de l'empyrée.

J'y songe quand le jour naît,
J'y rêve quand le jour baisse.
Change en casque son bonnet,
Tu croirais voir la Sagesse.

Sa cuirasse est un madras ;
Elle sort avec la ruse
D'avoir une vieille au bras
Qui lui tient lieu de Méduse.

On est sens dessus dessous
Rien qu'à voir la mine altière
Dont elle prend pour deux sous
De persil chez la fruitière.

Son beau regard transparent
Est grave sans airs moroses.
On se la figure errant
Dans un bois de lauriers-roses.

Pourtant, comme nous voyons
Que parfois de ces Palmyres
Il peut tomber des rayons,
Des baisers et des sourires ;

Un drôle, un étudiant,
Rôde sous ces chastes voiles ;
Je hais fort ce mendiant
Qui tend la main aux étoiles.

Je ne sors plus de mon trou.
L'autre jour, étant en verve,
Elle m'appela : Hibou.
Je lui répondis : Minerve.

IV

PAUPERTAS

Etre riche n'est pas l'affaire ;
Toute l'affaire est de charmer ;
Du palais le grenier diffère
En ce qu'on y sait mieux aimer.

L'aube au seuil, un grabat dans l'angle ;
Un éden peut être un taudis ;
Le craquement du lit de sangle
Est un des bruits du paradis.

Moins de gros sous, c'est moins de rides.
L'or de moins, c'est le doute ôté.
Jamais l'amour, ô cieux splendides !
Ne s'éraille à la pauvreté.

A quoi bon vos trésors mensonges
Et toutes vos piastres en tas,
Puisque le plafond bleu des songes
S'ajuste à tous les galetas !

Croit-on qu'au Louvre on se débraille
Comme dans mon bouge vainqueur,
Et que l'éclat de la muraille
S'ajoute aux délices du cœur ?

La terre, que gonfle la sève,
Est un lieu saint, mystérieux,
Sublime, où la nudité d'Eve
Eclipse tout, hormis les cieux.

L'opulence est vaine, et s'oublie
Dès que l'idéal apparaît,
Et quand l'âme est d'extase emplie
Comme de souffles la forêt.

Horace est pauvre avec Lydie ;
Les amours ne sont point accrus
Par le marbre de Numidie
Qui pave les bains de Scaurus[1].

L'amour est la fleur des prairies.
O Virgile, on peut être Eglé
Sans traîner dans les Tuileries
Des flots de velours épinglé.

Femmes, nos vers qui vous défendent,
Point avares et point pédants,
Pour vous chanter, ne vous demandent
Pas d'autres perles que vos dents.

Femmes, ni Chénier ni Properce
N'ajoutent la condition
D'une alcôve tendue en perse
A vos yeux, d'où sort le rayon.

Une Madelon bien coiffée,
Blanche et limpide, et riant frais,
Sera pour Perrault une fée,
Une dryade pour Segrais.

Suzon qui, tresses dénouées,
Chante en peignant ses longs cheveux,
Fait envoler dans les nuées
Tous nos songes et tous nos vœux.

Margot, c'est Glycère en cornette ;
O chimères qui me troublez,
Le jupon de serge d'Annette
Flotte en vos azurs étoilés.

Que m'importe, dans l'ombre obscure,
L'habit qu'on revêt le matin,
Et que la robe soit de bure
Lorsque la femme est de satin !

Le sage a son cœur pour richesse.
Il voit, tranquille accapareur,
Sans trop de respect la duchesse,
La grisette sans trop d'horreur.

L'amour veut que sans crainte on lise
Les lettres de son alphabet ;
Si la première est Arthémise,
Certes, la seconde est Babet.

Les pauvres filles sont des anges
Qui n'ont pas plus d'argent parfois
Que les grives et les mésanges
Et les fauvettes dans les bois.

Je ne rêve, en mon amourette,
Pas plus d'argent, ô vieux Paris,
Sur la gaieté de Turlurette
Que sur l'aile de la perdrix.

Est-ce qu'on argente la grâce ?
Est-ce qu'on dore la beauté ?
Je crois, quand l'humble Alizon passe,
Voir la lumière de l'été.

V

Ô HYMÉNÉE !

Pancrace entre au lit de Lucinde ;
Et l'heureux hymen est bâclé
Quand un maire a mis le coq d'Inde
Avec la fauvette sous clé.

Un docteur tout noir d'encre passe
Avec Cyllanire à son bras ;
Un bouc mène au bal une grâce ;
L'aurore épouse le fatras.

C'est la vieille histoire éternelle ;
Faune et Flore ; on pourrait, hélas,
Presque dire : — A quoi bon la belle ? —
Si la bête n'existait pas.

Dans un vase une clématite,
Qui tremble, et dont l'avril est court !
Je trouve la fleur bien petite,
Et je trouve le pot bien lourd.

Que Philistine est adorable,
Et que Philistin est hideux !
L'épaule blanche à l'affreux râble
S'appuie, en murmurant : Nous deux !

Le capricieux des ténèbres,
Cupidon compose, ô destin !
De toutes ces choses funèbres
Son éclat de rire enfantin.

Fatal amour ! charmant, morose,
Taquin, il prend le mal au mot ;
D'autant plus sombre qu'il est rose,
D'autant plus dieu qu'il est marmot !

VI

HILARITAS

Chantez ; l'ardent refrain flamboie ;
Jurez même, noble ou vilain !
Le chant est un verre de joie
Dont le juron est le trop-plein.

L'homme est heureux sous la tonnelle
Quand il a bien empaqueté
Son rhumatisme de flanelle
Et sa sagesse de gaieté.

Le rire est notre meilleure aile ;
Il nous soutient quand nous tombons.
Le philosophe indulgent mêle
Les hommes gais aux hommes bons.

Un mot gai suffit pour abattre
Ton fier courroux, ô grand Caton.
L'histoire amnistie Henri quatre
Protégé par Jarnicoton[1].

Soyons joyeux, Dieu le désire.
La joie aux hommes attendris
Montre ses dents, et semble dire :
Moi qui pourrais mordre, je ris.

VII

MEUDON

Pourquoi pas montés sur des ânes ?
Pourquoi pas au bois de Meudon ?
Les sévères sont les profanes ;
Ici tout est joie et pardon.

Rien n'est tel que cette ombre verte,
Et que ce calme un peu moqueur,
Pour aller à la découverte
Tout au fond de son propre cœur.

On chante. L'été nous procure
Un bois pour nous perdre. O buissons !
L'amour met dans la mousse obscure
La fin de toutes les chansons.

Paris foule ces violettes ;
Breda[1], terre où Ninon déchut,
Y répand ces vives toilettes
A qui l'on dirait presque : Chut !

Prenez garde à ce lieu fantasque !
Eve à Meudon achèvera
Le rire ébauché sous le masque
Avec le diable à l'Opéra[2].

Le démon dans ces bois repose ;
Non le grand vieux Satan fourchu ;
Mais ce petit belzébuth rose
Qu'Agnès cache dans son fichu.

On entre plein de chaste flamme,
L'œil au ciel, le cœur dilaté ;
On est ici conduit par l'âme,
Mais par le faune on est guetté.

La source, c'est la nymphe nue ;
L'ombre au doigt vous passe un anneau ;
Et le liseron insinue
Ce que conseille le moineau.

Tout chante ; et pas de fausses notes.
L'hymne est tendre ; et l'esprit de corps
Des fauvettes et des linottes
Eclate en ces profonds accords.

Ici l'aveu que l'âme couve
Echappe aux cœurs les plus discrets ;
La clef des champs qu'à terre on trouve
Ouvre le tiroir aux secrets.

Ici l'on sent, dans l'harmonie,
Tout ce que le grand Pan caché
Peut mêler de vague ironie
Au bois sombre où rêve Psyché.

Les belles deviennent jolies ;
Les cupidons viennent et vont ;
Les roses disent des folies
Et les chardonnerets en font.

La vaste genèse est tournée
Vers son but : renaître à jamais.
Tout vibre ; on sent de l'hyménée
Et de l'amour sur les sommets.

Tout veut que tout vive et revive,
Et que les cœurs et que les nids,
L'aube et l'azur, l'onde et la rive,
Et l'âme et Dieu, soient infinis.

Il faut aimer. Et sous l'yeuse,
On sent, dans les beaux soirs d'été,
La profondeur mystérieuse
De cette immense volonté.

Cachant son feu sous sa main rose,
La vestale ici n'entendrait
Que le sarcasme grandiose
De l'aurore et de la forêt.

Le printemps est une revanche.
Ce bois sait à quel point les thyms,
Les joncs, les saules, la pervenche,
Et l'églantier, sont libertins.

La branche cède, l'herbe plie ;
L'oiseau rit du prix Montyon ;
Toute la nature est remplie
De rappels à la question.

Le hallier sauvage est bien aise
Sous l'œil serein de Jéhovah,
Quand un papillon déniaise
Une violette, et s'en va.

Je me souviens qu'en mon bas âge,
Ayant à peine dix-sept ans,
Ma candeur un jour fit usage
De tous ces vieux rameaux flottants.

J'employai, rôdant avec celle
Qu'admiraient mes regards heureux,
Toute cette ombre où l'on chancelle,
A me rendre plus amoureux.

Nous fîmes des canapés d'herbes ;
Nous nous grisâmes de lilas ;
Nous palpitions, joyeux, superbes,
Eblouis, innocents, hélas !

Penchés sur tout, nous respirâmes
L'arbre, le pré, la fleur, Vénus ;
Ivres, nous remplissions nos âmes
De tous les souffles inconnus.

Nos baisers devenaient étranges,
De sorte que, sous ces berceaux,
Après avoir été deux anges,
Nous n'étions plus que deux oiseaux.

C'était l'heure où le nid se couche,
Où dans le soir tout se confond ;
Une grande lune farouche
Rougissait dans le bois profond.

L'enfant, douce comme une fête,
Qui m'avait en chantant suivi,
Commençait, pâle et stupéfaite,
A trembler de mon œil ravi ;

Son sein soulevait la dentelle...
Homère ! ô brouillard de l'Ida[3] !
— Marions-nous ! s'écria-t-elle,
Et la belle fille gronda :

— Cherche un prêtre, et sans plus attendre,
Qu'il nous marie avec deux mots.
Puis elle reprit, sans entendre
Le chuchotement des rameaux,

Sans remarquer dans ce mystère
Le profil des buissons railleurs :
— Mais où donc est le presbytère ?
Quel est le prêtre de ces fleurs ?

Un vieux chêne était là ; sa tige
Eût orné le seuil d'un palais.
— Le curé de Meudon ? lui dis-je.
L'arbre me dit : — C'est Rabelais[4].

VIII

BAS À L'OREILLE DU LECTEUR

Dans l'amoureux, qu'Eros grise,
L'imbécile est ébauché ;
La ponte d'une bêtise
Suit le rêve d'un péché.

Crains les belles. On se laisse
Vaincre aisément par Lola[1].
Dieu compose de faiblesse
Ces toutes-puissances-là.

C'est en jouant que la femme,
C'est en jouant que l'enfant,
Prennent doucement notre âme.
Le faible est le triomphant.

La vertu, de sa main blanche
Et de son beau fil doré,
Recoud sans cesse la manche
Par où Joseph fut tiré.

IX

SENIOR EST JUNIOR

I

Comme de la source on dévie !
Qu'un petit-fils ressemble peu !
Tacite devient Soulavie[1].
Hercle[2] se change en Palsembleu.

La lyre a fait les mandolines ;
Minos a procréé Séguier[3] ;
La première des crinolines
Fut une feuille de figuier.

L'amour pour nous n'est présentable
Qu'ivre, coiffé de son bandeau,
Sa petite bedaine à table ;
L'antique amour fut buveur d'eau.

La Bible, en ses épithalames,
Bénit l'eau du puits large et rond.
L'homme ancien ne comprend les femmes
Qu'avec des cruches sur le front.

Agar revient de la fontaine,
Sephora revient du torrent,

Sans chanter tonton mirontaine,
Le front sage, et l'œil ignorant.

La citerne est l'entremetteuse
Du grave mariage hébreu.
Le diable l'emplit et la creuse ;
Dieu dans cette eau met le ciel bleu.

Beaux jours. Cantique des cantiques !
Oh ! les charmants siècles naïfs !
Comme ils sont jeunes, ces antiques !
Les Baruchs étaient les Baïfs.

C'est le temps du temple aux cent marches,
Et de Ninive, et des sommets
Où les anges aux patriarches
Offraient, pensifs, d'étranges mets.

Ezéchiel[4] en parle encore ;
Le ciel s'inquiétait de Job ;
On entendait Dieu dès l'aurore
Dire : As-tu déjeuné, Jacob ?

II

Paix et sourire à ces temps calmes !
Les nourrices montraient leurs seins ;
Et l'arbre produisait des palmes,
Et l'homme produisait des saints.

Nous sommes loin de ces amphores
Ayant pour anses deux bras blancs,

Et de ces cœurs, mêlés d'aurores,
Allant l'un vers l'autre à pas lents.

L'antique passion s'apaise.
Nous sommes un autre âge d'or.
Aimer, c'est vieux. Rosine pèse
Bartholo, puis compte Lindor[5].

Moins simples, nous sommes plus sages.
Nos amours sont une forêt
Où, vague, au fond des paysages,
La Banque de France apparaît.

III

Rhodope[6], la reine d'Egypte,
Allait voir Amos dans son trou,
Respects du dôme pour la crypte,
Visite de l'astre au hibou,

Et la pharaonne superbe
Etait contente chez Amos
Si la roche offrait un peu d'herbe
Aux longues lèvres des chameaux.

Elle l'adorait satisfaite,
Sans demander d'autre faveur,
Pendant que le morne prophète
Bougonnait dans un coin, rêveur.

Amestris, la Ninon de Thèbe,
Avait à son char deux griffons ;

Elle était semblable à l'Erèbe
A cause de ses yeux profonds.

Pour qu'avec un tendre sourire
Elle vînt jusqu'à son chenil,
Le mage Oxus à l'hétaïre
Offrait un rat sacré du Nil.

Un antre traversé de poutres
Avec des clous pour accrocher
Des peaux saignantes et des outres,
Telle était la chambre à coucher.

Près de Sarah, Jod le psalmiste
Dormait là sur le vert genêt,
Chargeant quelque hyène alarmiste
D'aboyer si quelqu'un venait.

Phur, pontife des Cinq Sodomes,
Fut un devin parlant aux vents,
Un voyant parmi les fantômes,
Un borgne parmi les vivants ;

Pour un lotus bleu, don inepte,
La blonde Starnabuzaï
Le recevait, comme on accepte
Un abbé qui n'est point haï.

Ségor, bonze à la peau brûlée,
Nu dans les bois, lascif, bourru,
Maigre, invitait Penthésilée
A grignoter un oignon cru.

Chramnès, prêtre au temple d'Electre,
Demeurant, en de noirs pays,
Dans un sépulcre avec un spectre,
Conviait à souper Thaïs.

Thaïs venait, et cette belle,
Coupe en main, le roc pour chevet,
Ayant le prêtre à côté d'elle
Et le spectre en face, buvait.

Dans ce passé crépusculaire,
Les femmes se laissaient charmer
Par les gousses d'ail et l'eau claire
Dont se composait l'Art d'Aimer.

IV

Nos Phyllyres, nos Gloriantes,
Nos Lydés aux cheveux flottants
Ont fait beaucoup de variantes
A ce programme des vieux temps.

Aujourd'hui monsignor Nonotte[7]
N'entre chez Blanche au cœur d'acier
Qu'après avoir payé la note
Qu'elle peut avoir chez l'huissier.

Aujourd'hui le roi de Bavière[8]
N'est admis chez doña Carmen
Que s'il apporte une rivière,
De fort belle eau, dans chaque main.

Les belles que sous son feuillage
Retient Bade aux flots non bourbeux,
Ne vont point dans ce vieux. village
Pour voir des chariots à bœufs.

Sans argent, Bernis[9] en personne,
Balbutiant son quos ego,
Tremble au moment où sa main sonne
A la porte de Camargo.

D'Ems à Cythère, quel fou rire
Si Hafiz[10], fumant son chibouck,
Prétendait griser Sylvanire
Avec du vin de peau de bouc !

V

Le cœur ne fait plus de bêtises.
Avoir des chèques est plus doux
Que d'aller sous les frais cytises
Verdir dans l'herbe ses genoux.

Le soir mettre sous clef des piastres
Cause à l'âme un plus tendre émoi
Qu'une rencontre sous les astres
Disant à voix basse : Est-ce toi ?

Rien n'enchante plus une amante
Et n'échauffe mieux un cœur froid
Qu'une pile d'or qui s'augmente
Pendant que la pudeur décroît.

Les amours actuels abondent
En combinaisons d'échiquiers.
Doit, Avoir. Nos bergères tondent
Moins de moutons que de banquiers.

Le cœur est le compteur suprême.
La femme enfin a deviné
L'effrayant pouvoir de Barême[11]
Ayant le torse de Phryné.

Tout en chantant Schubert et Webre[12],
Elle en vient à réaliser
L'application de l'algèbre
A l'amour, à l'âme, au baiser.

Berthe a l'air vierge ; on la vénère ;
Dans l'azur du rêve elle a lu
Que parfois un millionnaire,
Lourd, vient se prendre à cette glu.

Pour soulager un peu les riches
De leur argent, pesant amas,
Il sied que Paris ait les biches
Et Londres les anonymas[13].

VI

A tant l'heure l'éventail joue.
C'est plus cher si l'œil est plus vif.
A Daphnis présentant sa joue
Chloé présente son tarif.

Pasithée, Anna, Circélyre,
Lise au front mollement courbé,
Palmyre en pleurs, Berthe en délire,
S'amourachent par A + B.

Leurs instincts ne sont point volages.
Les mains ouvertes, en rêvant,
Toutes contemplent des feuillages
De bank-notes, tremblant au vent.

On a ces belles, on les dompte,
On est des jeunes gens altiers,
Vivons ! et l'on sort d'Amathonte[14]
Par le corridor des dettiers.

Dans tel et tel théâtre bouffe,
La musique vive et sans art
Des écus et des sous étouffe
Les cavatines de Mozart.

Les chanteuses sont ainsi faites
Qu'on est parfois, sous le rideau,
Dévalisé par les fauvettes,
Dans la forêt de Calzado[15].

VII

Sue un rouble par chaque pore,
Sinon, porte ton cœur plutôt
Au tigre noir de Singapore
Qu'à Flora, qu'embaume Botot[16].

Femme de cire, Catherine,
Glacée, et douce à tout venant,
S'offre, et d'un buste de vitrine
Elle a le sourire tournant.

Oh ! ces marchandes de jeunesse !
Stella vend ses soupirs ardents,
Luz vend son rire de faunesse
Cassant des noix avec ses dents.

Rose est pensive ; Alba la brune
Est l'asphodèle de Sion ;
Glycéris semble au clair de lune
La blancheur dans la vision ;

Regardez, c'est Paula, c'est Laure,
C'est Phœbé ; dix-huit ans, vingt ans ;
Voyez ; les jeunes sont l'aurore
Et les vieilles sont le printemps.

Leur sein attend, frais comme un songe,
Effleuré par leurs cheveux blonds,
Que Samuel Bernard[17] y plonge
Son poing brutal plein de doublons.

Au-dessus du juif qui prospère,
Par le plafond ouvert, descend
Le petit Cupidon, grand-père
De tous les baisers d'à présent.

VIII

La nuit, la femme tend sa toile.
Tous ses chiffres sont en arrêt,
Non pour dépister une étoile,
Mais pour découvrir Turcaret[18].

C'est la sombre calculatrice ;
Elle a la ruse du dragon ;
Elle est fée ; et c'est en Jocrisse
Qu'elle transfigure Harpagon.

Elle compose ses trophées
De vins bus, de brelans carrés,
Et de bouteilles décoiffées,
Et de financiers dédorés.

Et puis, tout change et tourne en elle ;
L'aile de Cupidon connaît
Ses sens, son cœur, sa tête, et l'aile
Des moulins connaît son bonnet.

Sa vie est un bruyant poème ;
On songe, on rit, point de souci,
Et les verres sont de Bohême,
Et les buveurs en sont aussi.

Ce monstre adorable et terrible
Ne dit pas Toujours, mais Encor !
Et, rempli de nos cœurs, son crible
Ne laisse passer que notre or.

Hélas ! pourquoi ces laideurs basses
S'imprimant toutes à la fois,
Dieu profond ! sur ces jeunes grâces
Faites pour chanter dans les bois !

IX

Buvez ! riez ! — moi je m'obstine
Aux songes de l'amour ancien ;
Je sens en moi l'âme enfantine
D'Homère, vieux musicien.

Je vis aux champs ; j'aime et je rêve ;
Je suis bucolique et berger ;
Je dédie aux dents blanches d'Eve
Tous les pommiers de mon verger.

Je m'appelle Amyntas, Mnasyle,
Qui vous voudrez ; je dis : Croyons.
Pensons, aimons ! et je m'exile
Dans les parfums et les rayons.

A peine en l'idylle décente
Entend-on le bruit d'un baiser.
La prairie est une innocente
Qu'il ne faut point scandaliser.

Tout en soupirant comme Horace,
Je vois ramper dans le champ noir,
Avec des reflets de cuirasse,
Les grands socs qu'on traîne le soir.

J'habite avec l'arbre et la plante ;
Je ne suis jamais fatigué
De regarder la marche lente
Des vaches qui passent le gué.

J'entends, debout sur quelque cime,
Le chant qu'un nid sous un buisson
Mêle au blêmissement sublime
D'un lever d'astre à l'horizon.

Je suis l'auditeur solitaire ;
Et j'écoute en moi, hors de moi,
Le Je ne sais qui du mystère
Murmurant le Je ne sais quoi.

J'aime l'aube ardente et rougie,
Le midi, les cieux éblouis,
La flamme, et j'ai la nostalgie
Du soleil, mon ancien pays.

Le matin, toute la nature
Vocalise, fredonne, rit,
Je songe. L'aurore est si pure,
Et les oiseaux ont tant d'esprit !

Tout chante, geai, pinson, linotte,
Bouvreuil, alouette au zénith,
Et la source ajoute sa note,
Et le vent parle, et Dieu bénit.

J'aime toute cette musique,
Ces refrains, jamais importuns,
Et le bon vieux plain-chant classique
Des chênes aux capuchons bruns.

Je vous mets au défi de faire
Une plus charmante chanson
Que l'eau vive où Jeanne et Néère
Trempent leurs pieds dans le cresson.

III

Pour Jeanne seule

I

Je ne me mets pas en peine
Du clocher ni du beffroi ;
Je ne sais rien de la reine,
Et je ne sais rien du roi ;

J'ignore, je le confesse,
Si le seigneur est hautain,
Si le curé dit la messe
En grec ou bien en latin ;

S'il faut qu'on pleure ou qu'on danse,
Si les nids jasent entr'eux ;
Mais sais-tu ce que je pense ?
C'est que je suis amoureux.

Sais-tu, Jeanne, à quoi je rêve ?
C'est au mouvement d'oiseau
De ton pied blanc qui se lève
Quand tu passes le ruisseau.

Et sais-tu ce qui me gêne ?
C'est qu'à travers l'horizon,
Jeanne, une invisible chaîne
Me tire vers ta maison.

Et sais-tu ce qui m'ennuie ?
C'est l'air charmant et vainqueur,
Jeanne, dont tu fais la pluie
Et le beau temps dans mon cœur.

Et sais-tu ce qui m'occupe,
Jeanne ? c'est que j'aime mieux
La moindre fleur de ta jupe
Que tous les astres des cieux.

II

Jeanne chante ; elle se penche
Et s'envole ; elle me plaît ;
Et, comme de branche en branche,
Va de couplet en couplet.

De quoi donc me parlait-elle ?
Avec sa fleur au corset,
Et l'aube dans sa prunelle,
Qu'est-ce donc qu'elle disait ?

Parlait-elle de la gloire,
Des camps, du ciel, du drapeau,
Ou de ce qu'il faut de moire
Au bavolet[1] d'un chapeau ?

Son intention fut-elle
De troubler l'esprit voilé
Que Dieu dans ma chair mortelle
Et frémissante a mêlé ?

Je ne sais. J'écoute encore.
Etait-ce psaume ou chanson ?
Les fauvettes de l'aurore
Donnent le même frisson.

J'étais comme en une fête ;
J'essayais un vague essor ;
J'eusse voulu sur ma tête
Mettre une couronne d'or,

Et voir sa beauté sans voiles,
Et joindre à mes jours ses jours,
Et prendre au ciel les étoiles,
Et qu'on vînt à mon secours !

J'étais ivre d'une femme ;
Mal charmant qui fait mourir.
Hélas ! je me sentais l'âme
Touchée et prête à s'ouvrir ;

Car pour qu'un cerveau se fêle
Et s'échappe en songes vains,
Il suffit du bout de l'aile
D'un de ces oiseaux divins.

III

DUEL EN JUIN

A un ami

Jeanne a laissé de son jarret
Tomber un joli ruban rose
Qu'en vers on diviniserait,
Qu'on baise simplement en prose.

Comme femme elle met des bas,
Comme ange elle a droit à des ailes ;
Résultat : demain je me bats.
Les jours sont longs, les nuits sont belles,

On fait les foins, et ce barbon,
L'usage, roi de l'équipée,
Veut qu'on prenne un pré qui sent bon
Pour se donner des coups d'épée.

Pendant qu'aux lueurs du matin
La lame à la lame est croisée,
Dans l'herbe humide et dans le thym,
Les grives boivent la rosée.

Tu sais ce marquis insolent ?
Il ordonne, il rit. Jamais ivre
Et toujours gris ; c'est son talent.
Il faut ou le fuir, ou le suivre.

Qui le fuit a l'air d'un poltron,
Qui le suit est un imbécile.
Il est jeune, gai, fanfaron,
Leste, vif, pétulant, fossile.

Il hait Voltaire ; il se croit né
Pas tout à fait comme les autres ;
Il sert la messe, il sert Phryné ;
Il mêle Gnide aux patenôtres.

Le ruban perdu, ce muguet
L'a trouvé ; quelle bonne fête !
Il s'en est vanté chez Saguet[1] ;
Moi, je passais par là, tout bête ;

J'analysais, précisément
Dans cet instant-là, les bastilles,
Les trônes, Dieu, le firmament,
Et les rubans des jeunes filles ;

Et j'entendis un quolibet ;
Comme il s'en donnait, le coq d'Inde !
Car on insulte dans Babet
Ce qu'on adore dans Florinde.

Le marquis agitait en l'air
Un fil, un chiffon, quelque chose
Qui parfois semblait un éclair
Et parfois semblait une rose.

Tout de suite je reconnus
Ce diminutif adorable
De la ceinture de Vénus.
J'aime, donc je suis misérable ;

Mon pouls dans mes tempes battait ;
Et le marquis riait de Jeanne !
Le soir la campagne se tait,
Le vent dort, le nuage flâne ;

Mais le poète a le frisson,
Il se sent extraordinaire,
Il va, couvant une chanson
Dans laquelle roule un tonnerre.

Je me dis : — Cyrus dégaina
Pour reprendre une bandelette
De la reine Abaïdorna
Que ronge aujourd'hui la belette.

Serai-je moins brave et moins beau
Que Cyrus, roi d'Ur et de Sarde ?
Cette reine dans son tombeau
Vaut-elle Jeanne en sa mansarde ? —

Faire le siège d'un ruban !
Quelle œuvre ! il faut un art farouche ;
Et ce n'est pas trop d'un Vauban
Complété par un Scaramouche.

Le marquis barrait le chemin.
Prompt comme Joubert[2] sur l'Adige,
J'arrachai l'objet de sa main.
— Monsieur ! cria-t-il. — Soit, lui dis-je.

Il se dressa tout en courroux,
Et moi, je pris ma mine altière.
— Je suis marquis, dit-il, et vous ?
— Chevalier de la Jarretière.

— Soyez deux. — J'aurai mon témoin.
— Je vous tue, et je vous tiens quitte.
— Où ça ? — Là, dans ces tas de foin.
— Vous en déjeunerez ensuite.

C'est pourquoi demain, réveillés,
Les faunes, au bruit des rapières,
Derrière les buissons mouillés,
Ouvriront leurs vagues paupières.

IV

La nature est pleine d'amour,
Jeanne, autour de nos humbles joies ;
Et les fleurs semblent tour à tour
Se dresser pour que tu les voies.

Vive Angélique ! à bas Orgon[1] !
L'hiver, qu'insultent nos huées,
Recule, et son profil bougon
Va s'effaçant dans les nuées.

La sérénité de nos cœurs,
Où chantent les bonheurs sans nombre,
Complète, en ces doux mois vainqueurs,
L'évanouissement de l'ombre.

Juin couvre de fleurs les sommets,
Et dit partout les mêmes choses ;
Mais est-ce qu'on se plaint jamais
De la prolixité des roses ?

L'hirondelle, sur ton front pur,
Vient si près de tes yeux fidèles
Qu'on pourrait compter dans l'azur
Toutes les plumes de ses ailes.

Ta grâce est un rayon charmant ;
Ta jeunesse, enfantine encore,
Eclaire le bleu firmament,
Et renvoie au ciel de l'aurore.

De sa ressemblance avec toi
Le lys pur sourit dans sa gloire ;
Ton âme est une urne de foi
Où la colombe voudrait boire.

V

Ami, j'ai quitté vos fêtes.
Mon esprit, à demi-voix,
Hors de tout ce que vous faites,
Est appelé par les bois.

J'irai, loin des murs de marbre,
Tant que je pourrai marcher,
Fraterniser avec l'arbre,
La fauvette et le rocher.

Je fuirai loin de la ville
Tant que Dieu clément et doux
Voudra me mettre un peu d'huile
Entre les os des genoux.

Ne va pas croire du reste
Que, bucolique et hautain,
J'exige, pour être agreste,
Le vieux champ grec ou latin ;

Ne crois pas que ma pensée,
Vierge au soupir étouffé,
Ne sachant où prendre Alcée[1],
Se rabatte sur d'Urfé ;

Ne crois pas que je demande
L'Hémus où Virgile erra.
Dans de la terre normande
Mon églogue poussera.

Pour mon vers, que l'air secoue,
Les pommiers sont suffisants ;
Et mes bergers, je l'avoue,
Ami, sont des paysans.

Mon idylle est ainsi faite ;
Franche, elle n'a pas besoin
D'avoir dans son miel l'Hymète
Et l'Arcadie en son foin.

Elle chante, et se contente,
Sur l'herbe où je viens m'asseoir,
De l'haleine haletante
Du bœuf qui rentre le soir.

Elle n'est point misérable
Et ne pense pas déchoir
Parce qu'Alain, sous l'érable,
Ote à Toinon son mouchoir.

Elle honore Théocrite ;
Mais ne se fâche pas trop
Que la fleur soit Marguerite
Et que l'oiseau soit Pierrot.

J'aime les murs pleins de fentes
D'où sortent les liserons,
Et les mouches triomphantes
Qui soufflent dans leurs clairons.

J'aime l'église et ses tombes,
L'invalide et son bâton ;
J'aime, autant que les colombes
Qui jadis venaient, dit-on,

Conter leurs métempsychoses
A Terpandre dans Lesbos,
Les petites filles roses
Sortant du prêche en sabots.

J'aime autant Sedaine et Jeanne
Qu'Orphée et Pratérynnis.
Le blé pousse, l'oiseau plane,
Et les cieux sont infinis.

VI

À JEANNE

Ces lieux sont purs ; tu les complètes.
Ce bois, loin des sentiers battus,
Semble avoir fait des violettes,
Jeanne, avec toutes tes vertus.

L'aurore ressemble à ton âge ;
Jeanne, il existe sous les cieux
On ne sait quel doux voisinage
Des bons cœurs avec les beaux lieux.

Tout ce vallon est une fête
Qui t'offre son humble bonheur ;
C'est un nimbe autour de ta tête ;
C'est un éden en ton honneur.

Tout ce qui t'approche désire
Se faire regarder par toi,
Sachant que ta chanson, ton rire,
Et ton front, sont de bonne foi.

O Jeanne, ta douceur est telle
Qu'en errant dans ces bois bénis,
Elle fait dresser devant elle
Les petites têtes des nids.

VII

LES ÉTOILES FILANTES

I

A qui donc le grand ciel sombre
Jette-t-il ses astres d'or ?
Pluie éclatante de l'ombre,
Ils tombent... — Encor ! encor !

Encor ! — lueurs éloignées,
Feux purs, pâles orients,
Ils scintillent... — ô poignées
De diamants effrayants !

C'est de la splendeur qui rôde,
Ce sont des points univers,
La foudre dans l'émeraude !
Des bleuets dans des éclairs !

Réalités et chimères
Traversant nos soirs d'été !
Escarboucles éphémères
De l'obscure éternité !

De quelle main sortent-elles ?
Cieux, à qui donc jette-t-on

Ces tourbillons d'étincelles ?
Est-ce à l'âme de Platon ?

Est-ce à l'esprit de Virgile ?
Est-ce aux monts ? est-ce au flot vert ?
Est-ce à l'immense évangile
Que Jésus-Christ tient ouvert ?

Est-ce à la tiare énorme
De quelque Moïse enfant
Dont l'âme a déjà la forme
Du firmament triomphant ?

Ces feux vont-ils aux prières ?
A qui l'Inconnu profond
Ajoute-t-il ces lumières,
Vagues flammes de son front ?

Est-ce, dans l'azur superbe,
Aux religions que Dieu,
Pour accentuer son verbe,
Jette ces langues de feu ?

Est-ce au-dessus de la Bible
Que flamboie, éclate et luit
L'éparpillement terrible
Du sombre écrin de la nuit ?

Nos questions en vain pressent
Le ciel, fatal ou béni.
Qui peut dire à qui s'adressent
Ces envois de l'infini ?

Qu'est-ce que c'est que ces chutes
D'éclairs au ciel arrachés ?
Mystère ! sont-ce des luttes ?
Sont-ce des hymens ? Cherchez.

Sont-ce les anges du soufre ?
Voyons-nous quelque essaim bleu
D'argyraspides[1] du gouffre
Fuir sur des chevaux de feu ?

Est-ce le Dieu des désastres,
Le Sabaoth[2] irrité,
Qui lapide avec des astres
Quelque soleil révolté ?

II

Mais qu'importe ! l'herbe est verte,
Et c'est l'été ! ne pensons,
Jeanne, qu'à l'ombre entrouverte,
Qu'aux parfums et qu'aux chansons.

La grande saison joyeuse
Nous offre les prés, les eaux,
Les cressons mouillés, l'yeuse,
Et l'exemple des oiseaux.

L'été, vainqueur des tempêtes,
Doreur des cieux essuyés,
Met des rayons sur nos têtes
Et des fraises sous nos pieds.

Eté sacré ! l'air soupire.
Dieu, qui veut tout apaiser,
Fait le jour pour le sourire
Et la nuit pour le baiser.

L'étang frémit sous les aulnes ;
La plaine est un gouffre d'or
Où court, dans les grands blés jaunes,
Le frisson de messidor.

C'est l'instant qu'il faut qu'on aime,
Et qu'on le dise aux forêts,
Et qu'on ait pour but suprême
La mousse des antres frais !

A quoi bon songer aux choses
Qui se passent dans les cieux ?
Viens, donnons notre âme aux roses ;
C'est ce qui l'emplit le mieux.

Viens, laissons là tous ces rêves,
Puisque nous sommes aux mois
Où les charmilles, les grèves,
Et les cœurs, sont pleins de voix !

L'amant entraîne l'amante,
Enhardi dans son dessein
Par la trahison charmante
Du fichu montrant le sein.

Ton pied sous ta robe passe,
Jeanne, et j'aime mieux le voir,
Que d'écouter dans l'espace
Les sombres strophes du soir.

Il ne faut pas craindre, ô belle,
De montrer aux prés fleuris
Qu'on est jeune, peu rebelle,
Blanche, et qu'on vient de Paris !

La campagne est caressante
Au frais amour ébloui ;
L'arbre est gai pourvu qu'il sente
Que Jeanne va dire oui.

Aimons-nous ! et que les sphères
Fassent ce qu'elles voudront !
Il est nuit ; dans les clairières
Les chansons dansent en rond ;

L'ode court dans les rosées ;
Tout chante ; et dans les torrents
Les idylles déchaussées
Baignent leurs pieds transparents ;

La bacchanale de l'ombre
Se célèbre vaguement
Sous les feuillages sans nombre
Pénétrés de firmament ;

Les lutins, les hirondelles,
Entrevus, évanouis,
Font un ravissant bruit d'ailes
Dans la bleue horreur des nuits ;

La fauvette et la sirène
Chantent des chants alternés
Dans l'immense ombre sereine
Qui dit aux âmes : Venez !

Car les solitudes aiment
Ces caresses, ces frissons,
Et, le soir, les rameaux sèment
Les sylphes sur les gazons ;

L'elfe tombe des lianes
Avec des fleurs plein les mains ;
On voit de pâles dianes
Dans la lueur des chemins ;

L'ondin baise les nymphées ;
Le hallier rit quand il sent
Les courbures que les fées
Font aux brins d'herbe en passant.

Viens ; les rossignols t'écoutent ;
Et l'éden n'est pas détruit
Par deux amants qui s'ajoutent
A ces noces de la nuit.

Viens, qu'en son nid qui verdoie,
Le moineau bohémien
Soit jaloux de voir ma joie,
Et ton cœur si près du mien !

Charmons l'arbre et sa ramure
Du tendre accompagnement
Que nous faisons au murmure
Des feuilles, en nous aimant.

A la face des mystères,
Crions que nous nous aimons !
Les grands chênes solitaires
Y consentent sur les monts.

O Jeanne, c'est pour ces fêtes,
Pour ces gaietés, pour ces chants,
Pour ces amours, que sont faites
Toutes les grâces des champs !

Ne tremble pas, quoiqu'un songe
Emplisse mes yeux ardents.
Ne crains d'eux aucun mensonge
Puisque mon âme est dedans.

Reste chaste sans panique.
Sois charmante avec grandeur.
L'épaisseur de la tunique,
Jeanne, rend l'amour boudeur.

Pas de terreur, pas de transe ;
Le ciel diaphane absout
Du péché de transparence
La gaze du canezout[3].

La nature est attendrie ;
Il faut vivre ! Il faut errer
Dans la douce effronterie
De rire et de s'adorer.

Viens, aime, oublions le monde,
Mêlons l'âme à l'âme, et vois
Monter la lune profonde
Entre les branches des bois !

III

Les deux amants, sous la nue,
Songent, charmants et vermeils... —
L'immensité continue
Ses semailles de soleils.

A travers le ciel sonore,
Tandis que, du haut des nuits,
Pleuvent, poussière d'aurore,
Les astres épanouis,

Tas de feux tombants qui perce
Le zénith vaste et bruni,
Braise énorme que disperse
L'encensoir de l'infini ;

En bas, parmi la rosée,
Etalant l'arum, l'œillet,
La pervenche, la pensée,
Le lys, lueur de juillet,

De brume à demi noyée,
Au centre de la forêt,
La prairie est déployée,
Et frissonne, et l'on dirait

Que la terre, sous les voiles
Des grands bois mouillés de pleurs,
Pour recevoir les étoiles
Tend son tablier de fleurs.

IV

Pour d'autres

I

Mon vers, s'il faut te le redire,
On veut te griser dans les bois.
Les faunes ont caché ta lyre
Et mis à sa place un hautbois.

Va donc. La fête est commencée ;
L'oiseau mange en herbe le blé ;
L'abeille est ivre de rosée ;
Mai rit, dans les fleurs attablé.

Emmène tes deux camarades,
L'esprit gaulois, l'esprit latin ;
Ne crois pas que tu te dégrades
Dans la lavande et dans le thym.

Sans être effronté, sois agile ;
Entre gaiement dans le vallon ;
Presse un peu le pas de Virgile,
Retiens par la manche Villon.

Tu devras boire à coupe pleine,
Et de ce soin Pan a chargé
La Jeanneton de La Fontaine
Qu'Horace appelait Lalagé.

On t'attend. La fleur est penchée
Dans les antres diluviens ;
Et Silène, à chaque bouchée,
S'interrompt pour voir si tu viens.

II

JOUR DE FÊTE

AUX ENVIRONS DE PARIS

Midi chauffe et sèche la mousse ;
Les champs sont pleins de tambourins ;
On voit dans une lueur douce
Des groupes vagues et sereins.

Là-bas, à l'horizon, poudroie
Le vieux donjon de saint Louis ;
Le soleil dans toute sa joie
Accable les champs éblouis.

L'air brûlant fait, sous ses haleines
Sans murmures et sans échos,
Luire en la fournaise des plaines
La braise des coquelicots.

Les brebis paissent inégales ;
Le jour est splendide et dormant ;
Presque pas d'ombre ; les cigales
Chantent sous le bleu flamboiement.

Voilà les avoines rentrées.
Trêve au travail. Amis, du vin !

Des larges tonnes éventrées
Sort l'éclat de rire divin.

Le buveur chancelle à la table
Qui boite fraternellement.
L'ivrogne se sent véritable ;
Il oublie, ô clair firmament,

Tout, la ligne droite, la gêne,
La loi, le gendarme, l'effroi,
L'ordre ; et l'échalas de Surène[1]
Raille le poteau de l'octroi.

L'âne broute, vieux philosophe ;
L'oreille est longue ; l'âne en rit,
Peu troublé d'un excès d'étoffe,
Et content si le pré fleurit.

Les enfants courent par volée.
Clichy montre, honneur aux anciens !
Sa grande muraille étoilée
Par la mitraille[2] des Prussiens.

La charrette roule et cahote ;
Paris élève au loin sa voix,
Noir chiffonnier qui dans sa hotte
Porte le sombre tas des rois.

On voit au loin les cheminées
Et les dômes d'azur voilés ;
Des filles passent, couronnées
De joie et de fleurs, dans les blés.

III

La bataille commença.
Comment ? Par un doux sourire.
Elle me dit : — Comme ça,
Vous ne voulez pas m'écrire ?

— Un billet doux ? — Non, des vers.
— Je n'en fais point, répondis-je. —
Ainsi parfois de travers
Le dialogue voltige.

Après le sourire vint
Un regard, oh ! qu'elle est fière !
Moi, candidat quinze-vingt,
Je me dis : Elle est rosière.

Et je me mis à songer
A cent vertus, rehaussées
Par mes mauvaises pensées
D'adolescent en danger.

Je me taisais, cela passe
Pour puissance et profondeur.
Son sourire était la grâce.
Et son regard la pudeur.

Ce regard et ce sourire
M'entraient dans l'âme. Soudain,
Elle chanta. Comment dire
Ce murmure de l'Eden.

Cette voix grave, touchante,
Tendre, aux soupirs nuancés !...
— Quoi ! m'écriai-je, méchante,
Vous achevez les blessés !

IV

LISBETH

Le jour, d'un bonhomme sage
J'ai l'auguste escarpement ;
Je me conforme à l'usage
D'être abruti doctement,

Je me scrute et me dissèque,
Je me compare au poncif
De l'homme que fit Sénèque
Sur sa table d'or massif.

Je chasse la joie agile.
Je profite du matin
Pour regarder dans Virgile
Un paysage en latin.

Je lis Lactance, Ildefonse,
Saint Ambroise, comme il sied
Et Juste Lipse[1], où j'enfonce
Souvent, jusqu'à perdre pied.

Je me dis : Vis dans les sages.
Toujours l'honnête homme ouvrit
La fenêtre des vieux âges
Pour aérer son esprit.

Et je m'en vais sur la cime
Dont Platon sait le chemin.
Je me dis : Soyons sublime !
Mais je redeviens humain.

Et mon âme est confondue,
Et mon orgueil est dissous,
Par une alcôve tendue
D'un papier de quatre sous,

Et l'amour, ce doux maroufle,
Est le maître en ma maison,
Tous les soirs, quand Lisbeth souffle
Sa chandelle et ma raison.

V

CHELLES

J'aime Chelle[1] et ses cressonnières,
Et le doux tic-tac des moulins
Et des cœurs, autour des meunières ;
Quant aux blancs meuniers, je les plains.

Les meunières aussi sont blanches ;
C'est pourquoi je vais là souvent
Mêler ma rêverie aux branches
Des aulnes qui tremblent au vent.

J'ai l'air d'un pèlerin ; les filles
Me parlent, gardant leur troupeau ;
Je ris, j'ai parfois des coquilles
Avec des fleurs, sur mon chapeau.

Quand j'arrive avec mon caniche,
Chelles, bourg dévot et coquet,
Croit voir passer, fuyant leur niche,
Saint Roch[2], et son chien saint Roquet.

Ces effets de ma silhouette
M'occupent peu ; je vais marchant,
Tâchant de prendre à l'alouette
Une ou deux strophes de son chant.

J'admire les papillons frêles
Dans les ronces du vieux castel ;
Je ne touche point à leurs ailes.
Un papillon est un pastel.

Je suis un fou qui semble un sage.
J'emplis, assis dans le printemps,
Du grand trouble du paysage
Mes yeux vaguement éclatants.

O belle meunière de Chelles,
Le songeur te guette effaré
Quand tu montes à tes échelles,
Sûre de ton bas bien tiré.

VI

DIZAIN DE FEMMES

Une de plus que les muses ;
Elles sont dix. On croirait,
Quand leurs jeunes voix confuses
Bruissent dans la forêt,

Entendre, sous les caresses
Des grands vieux chênes boudeurs,
Un brouhaha de déesses
Passant dans les profondeurs.

Elles sont dix châtelaines
De tout le pays voisin.
La ruche vers leurs haleines
Envoie en chantant l'essaim.

Elles sont dix belles folles,
Démons dont je suis cagot ;
Obtenant des auréoles
Et méritant le fagot.

Que de cœurs cela dérobe,
Même à nous autres manants !
Chacune étale à sa robe
Quatre volants frissonnants,

Et court par les bois, sylphide
Toute parée, en dépit
De la griffe qui, perfide,
Dans les ronces se tapit.

Oh ! ces anges de la terre !
Pensifs, nous les décoiffons ;
Nous adorons le mystère
De la robe aux plis profonds.

Jadis Vénus sur la grève
N'avait pas l'attrait taquin
Du jupon qui se soulève
Pour montrer le brodequin.

Les antiques Arthémises
Avaient des fronts élégants,
Mais n'étaient pas si bien mises
Et ne portaient point de gants.

La gaze ressemble au rêve ;
Le satin, au pli glacé,
Brille, et la toilette achève
Ce que l'œil a commencé.

La marquise en sa calèche
Plaît, même au butor narquois ;
Car la grâce est une flèche
Dont la mode est le carquois.

L'homme, sot par étiquette,
Se tient droit sur son ergot ;
Mais Dieu créa la coquette
Dès qu'il eut fait le nigaud.

Oh ! toutes ces jeunes femmes,
Ces yeux où flambe midi,
Ces fleurs, ces chiffons, ces âmes,
Quelle forêt de Bondy[1] !

Non, rien ne nous dévalise
Comme un minois habillé,
Et comme une Cydalise
Où Chapron[2] a travaillé !

Les jupes sont meurtrières.
La femme est un canevas
Que, dans l'ombre, aux couturières
Proposent les Jéhovahs.

Cette aiguille qui l'arrange
D'une certaine façon
Lui donne la force étrange
D'un rayon dans un frisson.

Un ruban est une embûche,
Une guimpe est un péril ;
Et, dans l'Eden, où trébuche
La nature à son avril,

Satan — que le diable enlève ! —
N'eût pas risqué son pied-bot
Si Dieu sur les cheveux d'Eve
Eût mis un chapeau d'Herbaut.

Toutes les dix, sous les voûtes
Des grands arbres, vont chantant ;
On est amoureux de toutes ;
On est farouche et content.

On les compare, on hésite
Entre ces robes qui font
La lueur d'une visite
Arrivant du ciel profond.

Oh ! pour plaire à cette moire,
A ce gros de Tours[3] flambé,
On se rêve plein de gloire,
On voudrait être un abbé.

On sort du hallier champêtre,
La tête basse, à pas lents,
Le cœur pris, dans ce bois traître,
Par les quarante volants.

VII

CHOSES ÉCRITES À CRÉTEIL

Sachez qu'hier, de ma lucarne,
J'ai vu, j'ai couvert de clins d'yeux
Une fille qui dans la Marne
Lavait des torchons radieux.

Près d'un vieux pont, dans les saulées,
Elle lavait, allait, venait ;
L'aube et la brise étaient mêlées
A la grâce de son bonnet.

Je la voyais de loin. Sa mante
L'entourait de plis palpitants.
Aux folles broussailles qu'augmente
L'intempérance du printemps,

Aux buissons que le vent soulève,
Que juin et mai, frais barbouilleurs,
Foulant la cuve de la sève,
Couvrent d'une écume de fleurs,

Aux sureaux pleins de mouches sombres,
Aux genêts du bord, tous divers,
Aux joncs échevelant leurs ombres
Dans la lumière des flots verts,

Elle accrochait des loques blanches.
Je ne sais quels haillons charmants
Qui me jetaient, parmi les branches,
De profonds éblouissements.

Ces nippes, dans l'aube dorée,
Semblaient, sous l'aulne et le bouleau,
Les blancs cygnes de Cythérée
Battant de l'aile au bord de l'eau.

Des cupidons, fraîche couvée,
Me montraient son pied fait au tour ;
Sa jupe semblait relevée
Par le petit doigt de l'amour.

On voyait, je vous le déclare,
Un peu plus haut que le genou.
Sous un pampre un vieux faune hilare
Murmurait tout bas : Casse-cou !

Je quittai ma chambre d'auberge,
En souriant comme un bandit ;
Et je descendis sur la berge
Qu'une herbe, glissante, verdit.

Je pris un air incendiaire,
Je m'adossai contre un pilier,
Et je lui dis : « O lavandière !
(Blanchisseuse étant familier)

« L'oiseau gazouille, l'agneau bêle,
« Gloire à ce rivage écarté !
« Lavandière, vous êtes belle.
« Votre rire est de la clarté.

« Je suis capable de faiblesses.
« O lavandière, quel beau jour !
« Les fauvettes sont des drôlesses
« Qui chantent des chansons d'amour.

« Voilà six mille ans que les roses
« Conseillent, en se prodiguant,
« L'amour aux cœurs les plus moroses.
« Avril est un vieil intrigant.

« Les rois sont ceux qu'adorent celles
« Qui sont charmantes comme vous ;
« La Marne est pleine d'étincelles ;
« Femme, le ciel immense est doux.

« O laveuse à la taille mince,
« Qui vous aime est dans un palais.
« Si vous vouliez, je serais prince ;
« Je serais dieu, si tu voulais. — »

La blanchisseuse, gaie et tendre,
Sourit, et, dans le hameau noir,
Sa mère au loin cessa d'entendre
Le bruit vertueux du battoir.

Les vieillards grondent et reprochent,
Mais, ô jeunesse ! il faut oser.
Deux sourires qui se rapprochent
Finissent par faire un baiser.

Je m'arrête. L'idylle est douce,
Mais ne veut pas, je vous le dis,
Qu'au-delà du baiser on pousse
La peinture du paradis.

VIII

LE LENDEMAIN

Un vase, flanqué d'un masque,
En faïence de Courtrai,
Vieille floraison fantasque
Où j'ai mis un rosier vrai,

Sur ma fenêtre grimace,
Et, quoiqu'il soit assez laid,
Ce matin, du toit d'en face,
Un merle ami lui parlait.

Le merle, oiseau leste et braque,
Bavard jamais enrhumé,
Est pitre dans la baraque
Toute en fleurs, du mois de mai.

Il contait au pot aux roses
Un effronté boniment,
Car il faut de grosses choses
Pour faire rire un Flamand.

Sur une patte, et l'air farce,
Et comme on vide un panier,
Il jetait sa verve éparse
De son toit à mon grenier.

Gare au mauvais goût des merles !
J'omets ses propos hardis ;
Son bec semait peu de perles ;
Et moi, rêveur, je me dis :

La minute est opportune ;
Je suis à m'éprendre enclin ;
Puisque j'ai cette fortune
De rencontrer un malin,

Il faut que je le consulte
Sur ma conquête d'hier.
Et je criai : — Merle adulte,
Sais-tu pourquoi je suis fier ?

Il dit, gardant sa posture,
Semblable au diable boiteux :
— C'est pour la même aventure
Dont Gros-Guillaume est honteux.

IX

Fuis l'éden des anges déchus ;
Ami, prends garde aux belles filles ;
Redoute à Paris les fichus,
Redoute à Madrid les mantilles.

Tremble pour tes ailes, oiseau,
Et pour tes fils, marionnette.
Crains un peu l'œil de Calypso,
Et crains beaucoup l'œil de Jeannette.

Quand leur tendresse a commencé,
Notre servitude est prochaine.
Veux-tu savoir leur A B C ?
Ami, c'est Amour, Baiser, Chaîne.

Le soleil dore une prison,
Un rosier parfume une geôle,
Et c'est là, vois-tu, la façon
Dont une fille nous enjôle.

Pris, on a sa pensée au vent
Et dans l'âme une sombre lyre,
Et bien souvent on pleure avant
Qu'on ait eu le temps de sourire.

Viens dans les prés, le gai printemps
Fait frissonner les vastes chênes,
L'herbe rit, les bois sont contents,
Chantons ! oh, les claires fontaines !

X

L'enfant avril est le frère
De l'enfant amour ; tous deux
Travaillent en sens contraire
A notre cœur hasardeux.

L'enfant amour nous rend traîtres,
L'enfant avril nous rend fous.
Ce sont les deux petits prêtres
Du supplice immense et doux.

La mousse des prés exhale
Avril, qui chante drinn drinn,
Et met une succursale
De Cythère à Gretna-Green[1].

Avril, dont la fraîche embûche
A nos vices pour claqueurs,
De ses petits doigts épluche
Nos scrupules dans nos cœurs.

Cependant, il est immense ;
Cet enfant est un géant ;
Il se mêle à la démence
Qu'a l'Eternel en créant.

Lorsqu'il faut que tout rayonne,
Et que tout paie un tribut,
Avril se proportionne
A l'énormité du but.

La rosée est son mystère ;
Travail profond ! sa lueur
Au front sacré de la terre
Fait perler cette sueur.

POST-SCRIPTUM DES RÊVES

C'était du temps que j'étais jeune ;
Je maigrissais ; rien ne maigrit
Comme cette espèce de jeûne
Qu'on appelle nourrir l'esprit.

J'étais devenu vieux, timide,
Et jaune comme un parchemin,
A l'ombre de la pyramide
Des bouquins de l'esprit humain.

Tous ces tomes que l'âge rogne
Couvraient ma planche et ma cloison.
J'étais parfois comme un ivrogne
Tant je m'emplissais de raison.

Cent bibles encombraient ma table ;
Cent systèmes étaient dedans ;
On eût, par le plus véritable,
Pu se faire arracher les dents.

Un jour que je lisais Jamblique,
Callinique, Augustin, Plotin[1],
Un nain tout noir à mine oblique
Parut et me dit en latin :

— « Ne va pas plus loin. Jette l'ancre,
« Fils, contemple en moi ton ancien,
« Je m'appelle Bouteille-à-l'encre ;
« Je suis métaphysicien.

« Ton front fait du tort à ton ventre.
« Je viens te dire le fin mot
« De tous ces livres où l'on entre
« Jocrisse et d'où l'on sort grimaud.

« Amuse-toi. Sois jeune, et digne
« De l'aurore et des fleurs. Isis
« Ne donnait pas d'autre consigne
« Aux sages que l'ombre a moisis.

« Un verre de vin sans litharge[2]
« Vaut mieux, quand l'homme le boit pur,
« Que tous ces tomes dont la charge
« Ennuie énormément ton mur.

« Une bamboche à la Chaumière[3],
« D'où l'on éloigne avec soin l'eau,
« Contient cent fois plus de lumière
« Que Longin traduit par Boileau.

« Hermès avec sa bandelette
« Occupe ton cœur grave et noir ;
« Bacon est le livre où s'allaite
« Ton esprit, marmot du savoir.

« Si Ninette, la giletière,
« Veut la bandelette d'Hermès
« Pour s'en faire une jarretière,
« Donne-la-lui sans dire mais.

« Si Fanchette ou Landerirette
« Prend dans ton Bacon radieux
« Du papier pour sa cigarette,
« Fils des muses, rends grâce aux dieux.

« Veille, étude, ennui, patience,
« Travail, cela brûle les yeux ;
« L'unique but de la science
« C'est d'être immensément joyeux.

« Le vrai savant cherche et combine
« Jusqu'à ce que de son bouquin
« Il jaillisse une Colombine
« Qui l'accepte pour Arlequin.

« Maxime : N'être point morose,
« N'être pas bête, tout goûter,
« Dédier son nez à la rose,
« Sa bouche à la femme, et chanter.

« Les anciens vivaient de la sorte ;
« Mais vous êtes dupes, vous tous,
« De la fausse barbe que porte
« Le profil grec de ces vieux fous.

« Fils, tous ces austères visages
« Sur les plaisirs étaient penchés.
« L'homme ayant inventé sept sages,
« Le Dieu bon créa sept péchés.

« O docteurs, comme vous rampâtes !
« Campaspe[4] est nue en son grenier
« Sur Aristote à quatre pattes ;
« L'esprit a l'amour pour ânier.

« Grâce à l'amour, Socrate est chauve[5].
« L'amour d'Homère est le bâton.
« Phryné rentrait dans son alcôve
« En donnant le bras à Platon.

« Salomon, repu de mollesses,
« Etudiant les tourtereaux,
« Avait juste autant de drôlesses
« Que Léonidas de héros.

« Sénèque, aujourd'hui sur un socle,
« Prenait Chloé sous le menton.
« Fils, la sagesse est un binocle
« Braqué sur Minerve et Goton.

« Les nymphes n'étaient pas des ourses,
« Horace n'était pas un loup ;
« Lise aujourd'hui se baigne aux sources,
« Et Tibur s'appelle Saint-Cloud.

« Les arguments dont je te crible
« Te sauveront, toi-même aidant,
« De la stupidité terrible,
« Robe de pierre du pédant.

« Guette autour de toi si quelque être
« Ne sourit pas innocemment ;
« Un chant dénonce une fenêtre,
« Un pot de fleurs cherche un amant.

« La grisette n'est point difforme,
« On donne aux noirs soucis congé
« Pour peu que le soir on s'endorme
« Sur un oreiller partagé.

« Aime. C'est ma dernière botte.
« Et je mêle à mes bons avis
« Cette fillette qui jabote
« Dans la mansarde vis-à-vis. »

Or je n'écoutai point ce drôle,
Et je le chassai. Seulement,
Aujourd'hui que sur mon épaule
Mon front penche, pâle et clément,

Aujourd'hui que mon œil plus blême
Voit la griffe du sphinx à nu,
Et constate au fond du problème
Plus d'infini, plus d'inconnu,

Aujourd'hui que, hors des ivresses,
Près des mers qui vont m'abîmer,
Je regarde sur les sagesses
Les religions écumer,

Aujourd'hui que mon esprit sombre
Voit sur les dogmes, flot changeant,
L'épaisseur croissante de l'ombre,
O ciel bleu, je suis indulgent

Quand j'entends, dans le vague espace
Où toujours ma pensée erra,
Une belle fille qui passe
En chantant traderidera.

V

Silhouettes du temps jadis

I

LE CHÊNE DU PARC DÉTRUIT

I

— Ne me plains pas, me dit l'arbre,
Autrefois, autour de moi,
C'est vrai, tout était de marbre,
Le palais comme le roi.

Je voyais la splendeur fière
Des frontons pleins de Césars,
Et de grands chevaux de pierre
Qui se cabraient sous des chars.

J'apercevais des Hercules,
Des Hébés et des Psychés,
Dans les vagues crépuscules
Que font les rameaux penchés.

Je voyais jouer la reine ;
J'entendais les hallalis ;
Comme grand seigneur et chêne,
J'étais de tous les Marlys.

Je voyais l'alcôve auguste
Où le dauphin s'accomplit,

Leurs majestés jusqu'au buste,
Lauzun[1] caché sous le lit.

J'ai vu les nobles broussailles ;
J'étais du royal jardin ;
J'ai vu Lachaise[2] à Versailles
Comme Satan dans Eden.

Une grille verrouillée,
Duègne de fer, me gardait ;
Car la campagne est souillée
Par le bœuf et le baudet,

L'agriculture est abjecte,
L'herbe est vile, et vous saurez
Qu'un arbre qui se respecte
Tient à distance les prés.

Ainsi parlait sous mes voûtes
Le bon goût, sobre et direct,
J'étais loin des grandes routes
Où va le peuple, incorrect.

Le goût fermait ma clôture ;
Car c'est pour lui l'A B C
Que, dans l'art et la nature,
Tout soit derrière un fossé.

II

J'ai vu les cœurs peu rebelles,
Les grands guerriers tourtereaux,

Ce qu'on appelait les belles,
Ce qu'on nommait les héros.

Ces passants et ces passantes
Eveillaient mon grondement.
Mes branches sont plus cassantes
Qu'on ne croit communément.

Ces belles, qu'on loue en masse,
Erraient dans les verts préaux
Sous la railleuse grimace
De Tallemant des Réaux.

Le héros, grand sous le prisme,
Etait prudent et boudeur,
Et mettait son héroïsme
A la chaîne en sa grandeur.

Dans la guerre meurtrière,
Le prince avait le talent
D'être tiré par-derrière
Par quelque Boileau tremblant.

La raison d'Etat est grave ;
Il s'y faisait, par moment,
De crainte d'être trop brave,
Attacher solidement.

III

J'ai vu comment, d'une patte,
En ce siècle sans pareil,

On épouse un cul-de-jatte,
Et de l'autre, le soleil[3].

J'ai vu comment grince et rôde,
Loin des pages polissons,
L'auteur valet qui maraude
Des rimes dans les buissons.

Ces poètes à rhingraves[4]
Etaient hautains et hideux ;
C'étaient des Triboulets graves ;
Ils chantaient ; et chacun d'eux,

Pourvu d'un honnête lucre,
De sa splendeur émaillait
Le Parnasse en pain de sucre
Fait par Titon du Tillet[5].

Ces êtres, tordant la bouche,
Jetant leurs voix en éclats,
Prenaient un air très farouche
Pour faire des vers très plats.

Dans Marly qui les tolère,
Ils marchaient hagards, nerveux,
Les poings crispés, l'œil colère,
Leur phrase dans leurs cheveux.

A Lavallière boiteuse
Ils donnaient Chypre et Paphos ;
Et leur phrase était menteuse,
Et leurs cheveux étaient faux.

IV

Toujours, même en un désastre,
Les yeux étaient éblouis,
Le grand Louis, c'était l'astre ;
Dieu, c'était le grand Louis.

Bossuet était fort pleutre,
Racine inclinait son vers ;
Corneille seul, sous son feutre,
Regardait Dieu de travers.

Votre race est ainsi faite ;
Et le monde est à son gré
Pourvu qu'elle ait sur sa tête
Un olympe en bois doré.

La Fontaine offrait ses fables ;
Et, soudain, autour de lui,
Les courtisans, presque affables,
Les ducs au sinistre ennui,

Les Bâvilles[6], les Fréneuses,
Les Tavannes teints de sang,
Les altesses vénéneuses,
L'affreux chancelier glissant,

Les Louvois nés pour proscrire,
Les vils Chamillards rampants,
Gais, tournaient leur noir sourire
Vers ce charmeur de serpents.

V

Dans le parc froid et superbe,
Rien de vivant ne venait :
On comptait les brins d'une herbe
Comme les mots d'un sonnet.

Plus de danse, plus de ronce ;
Comme tout diminuait !
Le Nôtre fit le quinconce
Et Lulli le menuet.

Les ifs, que l'équerre hébète,
Semblaient porter des rabats ;
La fleur faisait la courbette,
L'arbre mettait chapeau bas.

Pour saluer dans les plaines
Le Phébus sacré dans Reims,
On donnait aux pauvres chênes
Des formes d'alexandrins.

La forêt, tout écourtée,
Avait l'air d'un bois piteux
Qui pousse sous la dictée
De monsieur l'abbé Batteux[7].

VI

Les rois criaient : Qu'on fracasse,
Et qu'on pille ! Et l'on pillait.
A leurs pieds la Dédicace,
Muse en carte, souriait.

Cette muse préalable,
Habile à brûler l'encens
Même le moins vraisemblable,
Tirait la manche aux passants,

Et, gardant le seuil d'ivoire
Du dieu du sacré vallon,
Vendait pour deux sous de gloire
A la porte d'Apollon.

On traquait les calvinistes.
Moi, parmi tous ces fléaux,
J'avais dans mes branches tristes
Le peigne de Despréaux.

J'ai vu ce siècle notoire
Où la Maintenon sourit,
Si blanche qu'on la peut croire
Femelle du Saint-Esprit.

Quelle féroce colombe !
J'ai vu frémir d'Aubigné[8]
Quand sur son nom, dans sa tombe,
L'édit de Nante a saigné.

Tout s'offrait au roi : les armes,
Les amours, les cœurs, les corps ;
La femme vendait ses charmes,
Le magistrat ses remords.

La cour, peinte par Brantôme,
Reparaît pour Saint-Simon.
Derrière le roi fantôme
Rit le confesseur démon.

VII

Tout ce temps-là m'importune.
Des fadeurs, ou des venins.
La grandeur de leur fortune
Rapetisse encor ces nains.

On a le faux sur la nuque ;
Il règne bon gré mal gré ;
Après un siècle en perruque
Arrive un siècle poudré.

La poudre à flots tourbillonne
Sur le bon peuple sans pain.
Voici qu'à Scapiglione
Succède Perlinpinpin.

L'art se poudre ; c'est la mode.
Voltaire, au fond peu loyal,
Offre à Louis quinze une ode
Coiffée à l'oiseau royal.

La monarchie est bouffonne ;
La pensée a des bâillons ;
Au-dessus de tout, plafonne
Un règne en trois cotillons[9].

Un beau jour s'ouvre une trappe ;
Tout meurt ; le sol a cédé.
Comme un voleur qui s'échappe,
Ce monde s'est évadé.

Ces rois, ce bruit, cette fête,
Tout cela s'est effacé
Pendant qu'autour de ma tête
Quelques mouches ont passé.

VIII

Moi je suis content ; je rentre
Dans l'ombre du Dieu jaloux ;
Je n'ai plus la cour, j'ai l'antre :
J'avais des rois, j'ai des loups.

Je redeviens le vrai chêne.
Je croîs sous les chauds midis ;
Quatre-vingt-neuf se déchaîne
Dans mes rameaux enhardis.

Trianon vieux sent le rance.
Je renais au grand concert ;
Et j'appelle délivrance
Ce que vous nommez désert.

La reine eut l'épaule haute,
Le grand dauphin fut pied-bot ;
J'aime mieux Gros-Jean qui saute
Librement dans son sabot.

Je préfère aux Léonores
Qu'introduisaient les Dangeaux[10],
Les bons gros baisers sonores
De mes paysans rougeauds.

Je préfère les grands souffles,
Les bois, les champs, fauve abri,
L'horreur sacrée, aux pantoufles
De madame Dubarry.

Je suis hors des esclavages ;
Je dis à la honte : Assez !
J'aime mieux les fleurs sauvages
Que les gens apprivoisés.

Les hommes sont des ruines ;
Je préfère, ô beau printemps,
Tes fiertés pleines d'épines
A ces déshonneurs contents.

J'ai perdu le Roquelaure
Jasant avec la Boufflers[11] ;
Mais je vois plus d'aube éclore
Dans les grands abîmes clairs.

J'ai perdu monsieur le nonce,
Et le monde officiel,
Et d'Antin[12] ; mais je m'enfonce
Toujours plus avant au ciel.

Décloîtré, je fraternise
Avec les rustres souvent.
Je vois donner par Denise
Ce que Célimène vend.

Plus de fossé ; rien n'empêche,
A mes pieds, sur mon gazon,
Que Suzon morde à sa pêche,
Et Mathurin à Suzon.

Solitaire, j'ai mes joies.
J'assiste, témoin vivant,
Dans les sombres claires-voies,
Aux aventures du vent.

Parfois dans les primevères
Court quelque enfant de quinze ans ;
Mes vieilles ombres sévères
Aiment ces yeux innocents.

Rien ne pare un paysage,
Sous l'éternel firmament,
Comme une fille humble et sage
Qui soupire obscurément.

La fille aux fleurs de la berge
Parle dans sa belle humeur,
Et j'entends ce que la vierge
Dit dans l'ombre à la primeur.

J'assiste au germe, à la sève,
Aux nids où s'ouvrent des yeux,
A tout cet immense rêve
De l'hymen mystérieux.

J'assiste aux couples sans nombre,
Au viol, dans le ravin,
De la grande pudeur sombre
Par le grand amour divin.

J'assiste aux fuites rapides
De tous ces baisers charmants.
L'onde a des cœurs dans ses rides ;
Les souffles sont des amants.

Cette allégresse est sacrée,
Et la nature la veut.
On croit finir, et l'on crée.
On est libre, et c'est le nœud.

J'ai pour jardinier la pluie,
L'ouragan pour émondeur ;
Je suis grand sous Dieu ; j'essuie
Ma cime à la profondeur.

L'hiver froid est sans rosée ;
Mais, quand vient avril vermeil,
Je sens la molle pesée
Du printemps sur mon sommeil.

Je la sens mieux, étant libre.
J'ai ma part d'immensité.
La rentrée en équilibre,
Ami, c'est la liberté.

Je suis, sous le ciel qui brille,
Pour la reprise des droits
De la forêt sur la grille,
Et des peuples sur les rois.

Dieu, pour que l'Eden repousse,
Frais, tendre, un peu sauvageon,
Presse doucement du pouce
Ce globe, énorme bourgeon.

Plus de roi. Dieu me pénètre.
Car il faut, retiens cela,
Pour qu'on sente le vrai maître,
Que le faux ne soit plus là.

Il met, lui, l'unique père,
L'Eternel toujours nouveau,
Avec ce seul mot : Espère,
Toute l'ombre de niveau.

Plus de caste. Un ver me touche,
L'hysope aime mon orteil.
Je suis l'égal de la mouche,
Etant l'égal du soleil.

Adieu le feu d'artifice
Et l'illumination.
J'en ai fait le sacrifice.
Je cherche ailleurs le rayon.

D'augustes apothéoses,
Me cachant les cieux jadis,
Remplaçaient, dans des feux roses,
Jéhovah par Amadis.

On emplissait la clairière
De ces lueurs qui, soudain,
Font sur ses pieds de derrière
Dresser dans l'ombre le daim.

La vaste voûte sereine
N'avait plus rien qu'on pût voir,
Car la girandole gêne
L'étoile dans l'arbre noir.

Il sort des feux de Bengale
Une clarté dans les bois,
Fière, et qui n'est point l'égale
De l'âtre des villageois.

Nous étions, chêne, orme et tremble,
Traités en pays conquis
Où se débraillent ensemble
Les pétards et les marquis.

La forêt, comme agrandie
Par les feux et les zéphirs,
Avait l'air d'un incendie
De rubis et de saphirs.

On offrait au prince, au maître,
Beau, fier, entouré d'archers,
Ces lumières, sœurs peut-être
De la torche des bûchers.

Cent mille verroteries
Jetaient, flambant à l'air vif,
Dans le ciel des pierreries
Et sur la terre du suif.

Une gloire verte et bleue,
Qu'assaisonnait quelque effroi,
Faisait là-haut une queue
De paon en l'honneur du roi.

Aujourd'hui, — c'est un autre âge,
Et les flambeaux sont changeants, —
Je n'ai plus d'autre éclairage
Que le ciel des pauvres gens.

Je reçois dans ma feuillée,
Sombre, aux mille trous vermeils,
La grande nuit étoilée,
Populace de soleils.

Des planètes inconnues
Passent sur mon dôme obscur,
Et je tiens pour bien venues
Ces coureuses de l'azur.

Je n'ai plus les pots de soufre
D'où sortaient les visions ;
Je me contente du gouffre
Et des constellations.

Je déroge, et la nature,
Foule de rayons et d'yeux,
M'attire dans sa roture,
Pêle-mêle avec les cieux.

Cependant tout ce qui reste,
Dans l'herbe où court le vanneau
Et que broute l'âne agreste,
Du royal siècle à giorno ;

Tout ce qui reste des gerbes,
De Jupin, de Sémélé,
Des dieux, des gloires superbes,
Un peu de carton brûlé ;

Dans les ronces paysannes,
Au milieu des vers luisants,
Les chandelles courtisanes,
Et les lustres courtisans ;

Les vieilles splendeurs brisées,
Les ifs, nobles espions,
Leurs altesses les fusées,
Messeigneurs les lampions ;

Tout ce beau monde me raille,
Eteint, orgueilleux et noir ;
J'en ris, et je m'encanaille
Avec les astres le soir.

II

ÉCRIT EN 1827

I

Je suis triste quand je vois l'homme.
Le vrai décroît dans les esprits.
L'ombre qui jadis noya Rome
Commence à submerger Paris.

Les rois sournois, de peur des crises,
Donnent aux peuples un calmant.
Ils font des boîtes à surprises
Qu'ils appellent charte et serment.

Hélas ! nos anges sont vampires ;
Notre albâtre vaut le charbon ;
Et nos meilleurs seraient les pires
D'un temps qui ne serait pas bon.

Le juste ment, le sage intrigue ;
Notre douceur, triste semblant,
N'est que la peur de la fatigue
Qu'on aurait d'être violent.

Notre austérité frelatée
N'admet ni Hampden[1] ni Brutus ;

Le syllogisme de l'athée
Est à l'aise dans nos vertus.

Sur l'honneur mort la honte flotte.
On voit, prompt à prendre le pli,
Se recomposer en ilote
Le Spartiate démoli.

Le ciel blêmit ; les fronts végètent ;
Le pain du travailleur est noir ;
Et des prêtres insulteurs jettent
De la fange avec l'encensoir.

C'est à peine, ô sombres années !
Si les yeux de l'homme obscurcis,
L'aube et la raison condamnées,
Obtiennent de l'ombre un sursis.

Le passé règne ; il nous menace ;
Le trône est son premier sujet ;
Apre, il remet sa dent tenace
Sur l'esprit humain qu'il rongeait.

Le prince est bonhomme ; la rue
Est pourtant sanglante[2]. — Bravo !
Dit Dracon. — La royauté grue
Monte sur le roi soliveau.

Les actions sont des cloaques,
Les consciences des égouts ;
L'un vendrait la France aux cosaques,
L'autre vendrait l'âme aux hiboux.

La religion sombre emploie
Pour le sang, la guerre et le fer,
Les textes du ciel qu'elle ploie
Au sens monstrueux de l'enfer.

La renommée aux vents répète
Des noms impurs soir et matin,
Et l'on peut voir à sa trompette
De la salive d'Arétin.

La fortune, reine enivrée,
De ce vieux Paris, notre aïeul,
Lui met une telle livrée
Qu'on préférerait le linceul.

La victoire est une drôlesse ;
Cette vivandière au flanc nu
Rit de se voir mener en laisse
Par le premier goujat venu.

Point de Condés, des La Feuillades ;
Mars et Vénus dans leur clapier[3] ;
Je n'admire point les œillades
De cette fille à ce troupier.

Partout l'or sur la pourriture,
L'idéal en proie aux moqueurs,
Un abaissement de stature
D'accord avec la nuit des cœurs.

II

Mais tourne le dos, ma pensée !
Viens ; les bois sont d'aube empourprés ;
Sois de la fête ; la rosée
T'a promise à la fleur des prés.

Quitte Paris pour la feuillée.
Une haleine heureuse est dans l'air ;
La vaste joie est réveillée ;
Quelqu'un rit dans le grand ciel clair.

Viens sous l'arbre aux voix étouffées,
Viens dans les taillis pleins d'amour
Où la nuit vont danser les fées
Et les paysannes le jour.

Viens, on t'attend dans la nature.
Les martinets sont revenus ;
L'eau veut te conter l'aventure
Des bas ôtés et des pieds nus.

C'est la grande orgie ingénue
Des nids, des ruisseaux, des forêts,
Des rochers, des fleurs, de la nue ;
La rose a dit que tu viendrais.

Quitte Paris. La plaine est verte ;
Le ciel, cherché des yeux en pleurs,
Au bord de sa fenêtre ouverte
Met avril, ce vase de fleurs.

L'aube a voulu, l'aube superbe,
Que pour toi le champ s'animât.

L'insecte est au bout du brin d'herbe
Comme un matelot au grand mât.

Que t'importe Fouché de Nantes
Et le prince de Bénévent !
Les belles mouches bourdonnantes
Emplissent l'azur et le vent.

Je ne comprends plus tes murmures
Et je me déclare content
Puisque voilà les fraises mûres
Et que l'iris sort de l'étang.

III

Fuyons avec celle que j'aime.
Paris trouble l'amour. Fuyons.
Perdons-nous dans l'oubli suprême
Des feuillages et des rayons.

Les bois sont sacrés ; sur leurs cimes
Resplendit le joyeux été ;
Et les forêts sont des abîmes
D'allégresse et de liberté.

Toujours les cœurs les plus moroses
Et les cerveaux les plus boudeurs
Ont vu le bon côté des choses
S'éclairer dans les profondeurs.

Tout reluit ; le matin rougeoie ;
L'eau brille ; on court dans le ravin ;

La gaieté monte sur la joie
Comme la mousse sur le vin.

La tendresse sort des corolles ;
Le rosier a l'air d'un amant.
Comme on éclate en choses folles,
Et comme on parle innocemment !

O fraîcheur du rire ! ombre pure !
Mystérieux apaisement !
Dans l'immense lueur obscure
On s'emplit d'éblouissement.

Adieu les vains soucis funèbres !
On ne se souvient que du beau.
Si toute la vie est ténèbres,
Toute la nature est flambeau.

Qu'ailleurs la bassesse soit grande,
Que l'homme soit vil et bourbeux,
J'en souris, pourvu que j'entende
Une clochette au cou des bœufs.

Il est bien certain que les sources,
Les arbres pleins de doux ébats,
Les champs, sont les seules ressources
Que l'âme humaine ait ici-bas.

O solitude, tu m'accueilles
Et tu m'instruis sous le ciel bleu ;
Un petit oiseau sous les feuilles,
Chantant, suffit à prouver Dieu.

VI

L'éternel petit roman

I

LE DOIGT DE LA FEMME

Dieu prit sa plus molle argile
Et son plus pur kaolin,
Et fit un bijou fragile,
Mystérieux et câlin.

Il fit le doigt de la femme,
Chef-d'œuvre auguste et charmant,
Ce doigt fait pour toucher l'âme
Et montrer le firmament.

Il mit dans ce doigt le reste
De la lueur qu'il venait
D'employer au front céleste
De l'heure où l'aurore naît.

Il y mit l'ombre du voile,
Le tremblement du berceau,
Quelque chose de l'étoile,
Quelque chose de l'oiseau.

Le Père qui nous engendre
Fit ce doigt mêlé d'azur,
Très fort pour qu'il restât tendre,
Très blanc pour qu'il restât pur,

Et très doux, afin qu'en somme
Jamais le mal n'en sortît,
Et qu'il pût sembler à l'homme
Le doigt de Dieu, plus petit.

Il en orna la main d'Eve,
Cette frêle et chaste main
Qui se pose comme un rêve
Sur le front du genre humain.

Cette humble main ignorante,
Guide de l'homme incertain,
Qu'on voit trembler, transparente,
Sur la lampe du destin.

Oh ! dans ton apothéose,
Femme, ange aux regards baissés,
La beauté, c'est peu de chose,
La grâce n'est pas assez ;

Il faut aimer. Tout soupire,
L'onde, la fleur, l'alcyon ;
La grâce n'est qu'un sourire,
La beauté n'est qu'un rayon ;

Dieu, qui veut qu'Eve se dresse
Sur notre rude chemin,
Fit pour l'amour la caresse,
Pour la caresse ta main.

Dieu, lorsque ce doigt qu'on aime
Sur l'argile fut conquis,
S'applaudit, car le suprême
Est fier de créer l'exquis.

Ayant fait ce doigt sublime,
Dieu dit aux anges : Voilà !
Puis s'endormit dans l'abîme ;
Le diable alors s'éveilla.

Dans l'ombre où Dieu se repose,
Il vint, noir sur l'orient,
Et tout au bout du doigt rose
Mit un ongle en souriant.

II

FUITE EN SOLOGNE

Au poète Mérante

I

Ami, viens me rejoindre.
Les bois sont innocents.
Il est bon de voir poindre
L'aube des paysans.

Paris, morne et farouche,
Pousse des hurlements
Et se tord sous la douche
Des noirs événements.

Il revient, loi sinistre,
Etrange état normal !
A l'ennui par le cuistre
Et par le monstre au mal.

II

J'ai fui ; viens. C'est dans l'ombre
Que nous nous réchauffons.
J'habite un pays sombre
Plein de rêves profonds.

Les récits de grand-mère
Et les signes de croix
Ont mis une chimère
Charmante, dans les bois.

Ici, sous chaque porte,
S'assied le fabliau,
Nain du foyer qui porte
Perruque in-folio.

L'elfe dans les nymphées
Fait tourner ses fuseaux ;
Ici l'on a des fées
Comme ailleurs des oiseaux.

Le conte, aimé des chaumes,
Trouve au bord des chemins,
Parfois, un nid de gnomes
Qu'il prend dans ses deux mains.

Les follets sont des drôles
Pétris d'ombre et d'azur
Qui font aux creux des saules
Un flamboiement obscur.

Le faune aux doigts d'écorce
Rapproche par moments
Sous la table au pied torse
Les genoux des amants.

Le soir un lutin cogne
Aux plafonds des manoirs ;
Les étangs de Sologne
Sont de pâles miroirs.

Les nénuphars des berges
Me regardent la nuit ;
Les fleurs semblent des vierges ;
L'âme des choses luit.

III

Cette bruyère est douce ;
Ici le ciel est bleu,
L'homme vit, le blé pousse
Dans la bonté de Dieu.

J'habite sous les chênes
Frémissants et calmants ;
L'air est tiède, et les plaines
Sont des rayonnements.

Je me suis fait un gîte
D'arbres, sourds à nos pas ;
Ce que le vent agite,
L'homme ne l'émeut pas.

Le matin, je sommeille
Confusément encor.
L'aube arrive vermeille
Dans une gloire d'or.

— Ami, dit la ramée,
Il fait jour maintenant. —
Une mouche enfermée
M'éveille en bourdonnant.

IV

Viens, loin des catastrophes,
Mêler sous nos berceaux
Le frisson de tes strophes
Au tremblement des eaux.

Viens, l'étang solitaire
Est un poème aussi.
Les lacs ont le mystère,
Nos cœurs ont le souci.

Tout comme l'hirondelle,
La stance quelquefois
Aime à mouiller son aile
Dans la mare des bois.

C'est, la tête inondée
Des pleurs de la forêt,
Que souvent le spondée
A Virgile apparaît.

C'est des sources, des îles,
Du hêtre et du glaïeul
Que sort ce tas d'idylles
Dont Tityre est l'aïeul.

Segrais, chez Pan son hôte,
Fit un livre serein
Où la grenouille saute
Du sonnet au quatrain.

Pendant qu'en sa nacelle
Racan chantait Babet,
Du bec de la sarcelle
Une rime tombait.

Moi, ce serait ma joie
D'errer dans la fraîcheur
D'une églogue où l'on voie
Fuir le martin-pêcheur.

L'ode même, superbe,
Jamais ne renia
Toute cette grande herbe
Où rit Titania.

Ami, l'étang révèle
Et mêle, brin à brin,
Une flore nouvelle
Au vieil alexandrin.

Le style se retrempe
Lorsque nous le plongeons
Dans cette eau sombre où rampe
Un esprit sous les joncs.

Viens, pour peu que tu veuilles
Voir croître dans ton vers
La sphaigne aux larges feuilles
Et les grands roseaux verts.

III

GARE !

On a peur, tant elle est belle !
Fût-on don Juan ou Caton.
On la redoute rebelle ;
Tendre, que deviendrait-on ?

Elle est joyeuse et céleste !
Elle vient de ce Brésil
Si doré qu'il fait du reste
De l'univers un exil.

A quatorze ans épousée,
Et veuve au bout de dix mois.
Elle a toute la rosée
De l'aurore au fond des bois.

Elle est vierge ; à peine née.
Son mari fut un vieillard ;
Dieu brisa cet hyménée
De Trop tôt avec Trop tard.

Apprenez qu'elle se nomme
Doña Rosita Rosa ;
Dieu, la destinant à l'homme,
Aux anges la refusa.

Elle est ignorante et libre,
Et sa candeur la défend.
Elle a tout, accent qui vibre,
Chanson triste et rire enfant,

Tout, le caquet, le silence,
Ces petits pieds familiers
Créés pour l'invraisemblance
Des romans et des souliers,

Et cet air des jeunes Eves
Qu'on nommait jadis fripon,
Et le tourbillon des rêves
Dans les plis de son jupon.

Cet être qui nous attire,
Agnès cousine d'Hébé,
Enivrerait un satyre,
Et griserait un abbé.

Devant tant de beautés pures,
Devant tant de frais rayons,
La chair fait des conjectures
Et l'âme des visions.

Au temps présent l'eau saline,
La blanche écume des mers
S'appelle la mousseline ;
On voit Vénus à travers.

Le réel fait notre extase ;
Et nous serions plus épris
De voir Ninon sous la gaze
Que sous la vague Cypris.

Nous préférons la dentelle
Au flot diaphane et frais ;
Vénus n'est qu'une immortelle ;
Une femme, c'est plus près.

Celle-ci, vers nous conduite
Comme un ange retrouvé,
Semble à tous les cœurs la suite
De leur songe inachevé.

L'âme l'admire, enchantée
Par tout ce qu'a de charmant
La rêverie ajoutée
Au vague éblouissement.

Quel danger ! on la devine.
Un nimbe à ce front vermeil !
Belle, on la rêve divine,
Fleur, on la rêve soleil.

Elle est lumière, elle est onde,
On la contemple. On la croit
Reine et fée, et mer profonde
Pour les perles qu'on y voit.

Gare, Arthur ! gare, Clitandre !
Malheur à qui se mettrait
A regarder d'un air tendre
Ce mystérieux attrait !

L'amour, où glissent les âmes,
Est un précipice ; on a
Le vertige au bord des femmes
Comme au penchant de l'Etna.

On rit d'abord. Quel doux rire !
Un jour, dans ce jeu charmant,
On s'aperçoit qu'on respire
Un peu moins facilement.

Ces feux-là troublent la tête.
L'imprudent qui s'y chauffait
S'éveille à moitié poète
Et stupide tout à fait.

Plus de joie. On est la chose
Des tourments et des amours.
Quoique le tyran soit rose,
L'esclavage est noir toujours.

On est jaloux ; travail rude !
On n'est plus libre et vivant,
Et l'on a l'inquiétude
D'une feuille dans le vent.

On la suit, pauvre jeune homme !
Sous prétexte qu'il faut bien
Qu'un astre ait un astronome
Et qu'une femme ait un chien.

On se pose en loup fidèle ;
On est bête, on s'en aigrit,
Tandis qu'un autre, auprès d'elle,
Aimant moins, a plus d'esprit.

Même aux bals et dans les fêtes,
On souffre, fût-on vainqueur ;
Et voilà comment sont faites
Les aventures du cœur.

Cette adolescente est sombre
A cause de ses quinze ans
Et de tout ce qu'on voit d'ombre
Dans ses beaux yeux innocents.

On donnerait un empire
Pour tous ces chastes appas ;
Elle est terrible ; et le pire,
C'est qu'elle n'y pense pas.

À DOÑA ROSITA ROSA

I

Ce petit bonhomme bleu
Qu'un souffle apporte et remporte,
Qui, dès que tu dors un peu,
Gratte de l'ongle à ta porte,

C'est mon rêve. Plein d'effroi,
Jusqu'à ton seuil il se glisse.
Il voudrait entrer chez toi
En qualité de caprice.

Si tu désires avoir
Un caprice aimable, leste,
Et prenant un air céleste
Sous les étoiles du soir,

Mon rêve, ô belle des belles,
Te convient ; arrangeons-nous.
Il a ton nom sur ses ailes
Et mon nom sur ses genoux.

Il est doux, gai, point morose,
Tendre, frais, d'azur baigné.

Quant à son ongle, il est rose,
Et j'en suis égratigné.

II

Prends-le donc à ton service.
C'est un pauvre rêve fou ;
Mais pauvreté n'est pas vice.
Nul cœur ne ferme au verrou ;

Ton cœur, pas plus que mon âme,
N'est clos et barricadé.
Ouvre donc, ouvrez, madame,
A mon doux songe évadé.

Les heures pour moi sont lentes,
Car je souffre éperdument ;
Il vient sur ton front charmant
Poser ses ailes tremblantes.

T'obéir sera son vœu ;
Il dorlotera ton âme ;
Il fera chez toi du feu,
Et, s'il le peut, de la flamme.

Il fera ce qui te plaît ;
Prompt à voir tes désirs naître ;
Belle, il sera ton valet,
Jusqu'à ce qu'il soit ton maître.

À ROSITA

Tu ne veux pas aimer, méchante ?
Le printemps en est triste, vois ;
Entends-tu ce que l'oiseau chante
Dans la sombre douceur des bois ?

Sans l'amour rien ne reste d'Eve ;
L'amour, c'est la seule beauté ;
Le ciel, bleu quand l'astre s'y lève,
Est tout noir, le soleil ôté.

Tu deviendras laide toi-même
Si tu n'as pas plus de raison.
L'oiseau chante qu'il faut qu'on aime,
Et ne sait pas d'autre chanson.

VI

C'EST PARCE QU'ELLE SE TAISAIT

Son silence fut mon vainqueur ;
C'est ce qui m'a fait épris d'elle.
D'abord je n'avais dans le cœur
Rien qu'un obscur battement d'aile.

Nous allions en voiture au bois,
Seuls tous les soirs, et loin du monde ;
Je lui parlais, et d'autres voix
Chantaient dans la forêt profonde.

Son œil était mystérieux.
Il contient, cet œil de colombe,
Le même infini que les cieux,
La même aurore que la tombe.

Elle ne disait rien du tout,
Pensive au fond de la calèche.
Un jour je sentis tout à coup
Trembler dans mon âme une flèche.

L'Amour, c'est le je ne sais quoi.
Une femme habile à se taire
Est la caverne où se tient coi
Ce méchant petit sagittaire.

VII

À LA BELLE IMPÉRIEUSE

L'amour, panique
De la raison,
Se communique
Par le frisson.

Laissez-moi dire,
N'accordez rien.
Si je soupire,
Chantez, c'est bien.

Si je demeure,
Triste, à vos pieds,
Et si je pleure,
C'est bien, riez.

Un homme semble
Souvent trompeur.
Mais si je tremble,
Belle, ayez peur.

VIII

SOMMATION IRRESPECTUEUSE

Rire étant si jolie,
C'est mal. O trahison
D'inspirer la folie,
En gardant la raison !

Rire étant si charmante !
C'est coupable, à côté
Des rêves qu'on augmente
Par son trop de beauté.

Une chose peut-être
Qui va vous étonner,
C'est qu'à votre fenêtre
Le vent vient frissonner,

Qu'avril commence à luire,
Que la mer s'aplanit,
Et que cela veut dire :
Fauvette, fais ton nid.

Belle aux chansons naïves,
J'admets peu qu'on ait droit
Aux prunelles très vives,
Ayant le cœur très froid.

Quand on est si bien faite,
On devrait se cacher.
Un amant qu'on rejette,
A quoi bon l'ébaucher ?

On se lasse, ô coquette,
D'être toujours tremblant,
Vous êtes la raquette,
Et je suis le volant.

Le coq battant de l'aile,
Maître en son pachalick,
Nous prévient qu'une belle
Est un danger public.

Il a raison. J'estime
Qu'en leur gloire isolés,
Deux beaux yeux sont un crime,
Allumez, mais brûlez.

Pourquoi ce vain manège ?
L'eau qu'échauffe le jour,
La fleur perçant la neige,
Le loup hurlant d'amour,

L'astre que nos yeux guettent,
Sont l'eau, la fleur, le loup,
Et l'étoile, et n'y mettent
Pas de façons du tout.

Aimer est si facile
Que, sans cœur, tout est dit,
L'homme est un imbécile,
La femme est un bandit.

L'œillade est une dette.
L'insolvabilité,
Volontaire, complète
Ce monstre, la beauté.

Craindre ceux qu'on captive !
Nous fuir et nous lier !
Etre la sensitive
Et le mancenillier !

C'est trop. Aimez, madame.
Quoi donc ! quoi ! mon souhait
Où j'ai tout mis, mon âme
Et mes rêves, me hait !

L'amour nous vise. Certe,
Notre effroi peut crier,
Mais rien ne déconcerte
Cet arbalétrier.

Sachez donc, ô rebelle,
Que souvent, trop vainqueur,
Le regard d'une belle
Ricoche sur son cœur.

Vous pouvez être sûre
Qu'un jour vous vous ferez
Vous-même une blessure
Que vous adorerez.

Vous comprendrez l'extase
Voisine du péché,
Et que l'âme est un vase
Toujours un peu penché.

Vous saurez, attendrie,
Le charme de l'instant
Terrible, où l'on s'écrie :
Ah ! vous m'en direz tant !

Vous saurez, vous qu'on gâte,
Le destin tel qu'il est,
Les pleurs, l'ombre, et la hâte
De cacher un billet.

Oui, — pourquoi tant remettre ? —
Vous sentirez, qui sait ?
La douceur d'une lettre
Que tiédit le corset.

Vous riez ! votre joie
A Tout préfère Rien.
En vain l'aube rougeoie,
En vain l'air chante. Eh bien,

Je ris aussi ! Tout passe.
O muse, allons-nous-en.
J'aperçois l'humble grâce
D'un toit de paysan ;

L'arbre, libre volière,
Est plein d'heureuses voix ;
Dans les pousses du lierre
Le chevreau fait son choix ;

Et, jouant sous les treilles,
Un petit villageois
A pour pendants d'oreilles
Deux cerises des bois.

IX

FÊTES DE VILLAGE EN PLEIN AIR

Le bal champêtre est sous la tente.
On prend en vain des airs moqueurs ;
Toute une musique flottante
Passe des oreilles aux cœurs.

On entre, on fait cette débauche
De voir danser en plein midi
Près d'une Madelon point gauche
Un Gros-Pierre point engourdi.

On regarde les marrons frire ;
La bière mousse, et les plateaux
Offrent aux dents pleines de rire
Des mosaïques de gâteaux.

Le soir on va dîner sur l'herbe ;
On est gai, content, berger, roi,
Et, sans savoir comment, superbe,
Et tendre, sans savoir pourquoi.

Feuilles vertes et nappes blanches ;
Le couchant met le bois en feu ;
La joie ouvre ses ailes franches :
Comme le ciel immense est bleu !

X

CONFIANCE

A Mérante

Ami, tu me dis : — « Joie extrême !
« Donc, ce matin, comblant ton vœu,
« Rougissante, elle a dit : Je t'aime !
« Devant l'aube, cet autre aveu.

« Ta victoire, tu la dévoiles.
« On t'aime, ô Léandre, ô Saint-Preux[1],
« Et te voilà dans les étoiles,
« Sans parachute, malheureux ! »

Et tu souris. Mais que m'importe !
Ton sourire est un envieux.
Sois gai ; moi, ma tristesse est morte.
Rire c'est bien, aimer c'est mieux.

Tu me croyais plus fort en thème,
N'est-ce pas ? tu te figurais
Que je te dirais : Elle m'aime,
Défions-nous, et buvons frais.

Point. J'ai des manières étranges ;
On fait mon bonheur, j'y consens ;
Je vois là-haut passer les anges
Et je me mêle à ces passants.

Je suis ingénu comme Homère,
Quand cet aveugle aux chants bénis
Adorait la mouche éphémère
Qui sort des joncs de l'Hypanis.

J'ai la foi. Mon esprit facile
Dès le premier jour constata
Dans la Sologne une Sicile,
Une Aréthuse en Rosita.

Je ne vois point dans une femme
Un filou, par l'ombre enhardi.
Je ne crois pas qu'on prenne une âme
Comme on vole un maravedi.

La supposer fausse, et plâtrée,
Non, justes dieux ! je suis épris.
Je ne commence point l'entrée
Au paradis, par le mépris.

Je lui donne un cœur sans lui dire :
Rends-moi la monnaie ! — Et je crois
A sa pudeur, à mon délire,
Au bleu du ciel, aux fleurs des bois.

J'entre en des sphères idéales
Sans fredonner le vieux pont-neuf
De Villon aux piliers des Halles
Et de Fronsac à l'Œil-de-Bœuf[2].

Je m'enivre des harmonies
Qui, de l'azur, à chaque pas,
M'arrivent, claires, infinies,
Joyeuses, et je ne crois pas

Que l'amour trompe nos attentes,
Qu'un bien-aimé soit un martyr,
Et que toutes ces voix chantantes
Descendent du ciel pour mentir.

Je suis rempli d'une musique ;
Je ne sens point, dans mes halliers,
La désillusion classique
Des vieillards et des écoliers.

J'écoute en moi l'hymne suprême
De mille instruments triomphaux
Qui tous répètent qu'elle m'aime,
Et dont pas un ne chante faux.

Oui, je t'adore ! oui, tu m'adores !
C'est à ces mots-là que sont dus
Tous ces vagues clairons sonores
Dans un bruit de songe entendus.

Et, dans les grands bois qui m'entourent,
Je vois danser, d'un air vainqueur,
Les cupidons, gamins qui courent
Devant la fanfare du cœur.

XI

LE NID

C'est l'abbé qui fait l'église ;
C'est le roi qui fait la tour ;
Qui fait l'hiver ? C'est la bise.
Qui fait le nid ? C'est l'amour.

Les églises sont sublimes,
La tour monte dans les cieux,
L'hiver pour trône a les cimes ;
Mais le nid chante et vaut mieux.

Le nid, que l'aube visite,
Ne voit ni deuils, ni combats ;
Le nid est la réussite
La meilleure d'ici-bas.

Là, pas d'or et point de marbre ;
De la mousse, un coin étroit ;
C'est un grenier dans un arbre,
C'est un bouquet sur un toit.

Ce n'est point chose facile,
Lorsque Charybde et Scylla
Veulent mordre la Sicile,
Que de mettre le holà ;

Quand l'Hékla[1] brûle sa suie,
Quand flambe l'Etna grognon,
Le fumiste qui l'essuie
Est un rude compagnon ;

L'orage est grand dans son antre ;
Le nuage, hydre des airs,
Est splendide quand son ventre
Laisse tomber les éclairs ;

Un cri fier et redoutable,
De hautes rébellions
Sortent de la fauve étable
Des tigres et des lions ;

Certes, c'est une œuvre ardue
D'allumer le jour levant,
D'ouvrir assez l'étendue
Pour ne pas casser le vent,

Et de donner à la houle
Un si gigantesque élan
Que, d'un seul bond, elle roule
De Behring à Magellan.

Emplir de fureur les bêtes
Et le tonnerre de bruit ;
Gonfler le cou des tempêtes
Des sifflements de la nuit ;

Tirer, quand la giboulée
Fouette le matin vermeil,
De l'écurie étoilée
L'attelage du soleil ;

Gaver de vins vendémiaire,
D'épis messidor ; pourvoir
Aux dépenses de lumière
Que fait l'astre chaque soir ;

Peupler l'ombre ; avoir la force,
A travers la terre et l'air,
D'enfler tous les ans l'écorce,
D'enfler tous les jours la mer ;

Ce sont les travaux suprêmes
Des dieux, ouvriers géants
Mirant leurs bleus diadèmes
Dans les glauques océans ;

Ce sont les tâches immenses
Des êtres régnant sur nous,
Tantôt des grandes clémences,
Tantôt des vastes courroux ;

C'est du miracle et du rêve ;
Hier, aujourd'hui, demain,
Ces choses font, depuis Ève,
L'éblouissement humain.

Mais entre tous les prodiges
Qu'entassent dieux et démons,
Ouvrant l'abîme aux vertiges,
Heurtant les foudres aux monts,

C'est l'effort le plus superbe,
C'est le travail le plus beau,
De faire tordre un brin d'herbe
Au bec d'un petit oiseau.

En vain rampe la couleuvre ;
L'amour arrange et bénit
Deux ailes sur la même œuvre,
Deux cœurs dans le même nid.

Ce nid où l'amour se pose,
Voilà le but du ciel bleu ;
Et pour la plus douce chose
Il faut le plus puissant dieu.

XII

À PROPOS DE DOÑA ROSA

A Mérante

Au printemps, quand les nuits sont claires,
Quand on voit, vagues tourbillons,
Voler sur les fronts les chimères
Et dans les fleurs les papillons,

Pendant la floraison des fèves,
Quand l'amant devient l'amoureux,
Quand les hommes, en proie aux rêves,
Ont toutes ces mouches sur eux,

J'estime qu'il est digne et sage
De ne point prendre un air vainqueur,
Et d'accepter ce doux passage
De la saison sur notre cœur.

A quoi bon résister aux femmes,
Qui ne résistent pas du tout ?
Toutes les roses sont en flammes ;
Une guimpe est de mauvais goût.

Trop heureux ceux à qui les belles
Font la violence d'aimer !

A quoi sert-il d'avoir des ailes,
Sinon pour les laisser plumer ?

O Mérante, il n'est rien qui vaille
Ces purs attraits, tendres tyrans,
Un sourire qui dit : Bataille !
Un soupir qui dit : Je me rends !

Et je donnerais la Castille
Et ses plaines en amadou
Pour deux yeux sous une mantille,
Fiers, et venant on ne sait d'où.

XIII

LES BONNES INTENTIONS
DE ROSA

Ce bonhomme avait les yeux mornes
Et, sur son front, chargé d'ennui,
L'incorrection de deux cornes,
Tout à fait visibles chez lui.

Ses vagues prunelles bourrues
Reflétaient dans leur blême éclair
Le sombre dédale des rues
De la grande ville d'enfer.

Son pied fourchu crevait ses chausses ;
Hors du gouffre il prenait le frais ;
Ses dents, certes, n'étaient point fausses,
Mais ses regards n'étaient pas vrais.

Il venait sur terre, vorace.
Dans ses mains, aux ongles de fer,
Il tenait un permis de chasse
Signé Dieu, plus bas Lucifer.

C'était Belzébuth, très bon diable.
Je le reconnus sur-le-champ.
Sa grimace irrémédiable
Lui donnait l'air d'un dieu méchant.

Un même destin, qui nous pèse,
Semble tous deux nous châtier,
Car dans l'amour je suis à l'aise
Comme lui dans un bénitier.

L'amour, — jaloux, ne vous déplaise, —
Est un doux gazon d'oasis
Fort ressemblant à de la braise
Sur laquelle on serait assis.

Une femme ! l'exquise chose !
Je redeviens un écolier ;
Je décline Rosa la rose ;
Je suis amoureux à lier.

Or le diable est une rencontre ;
Et j'en suis toujours réjoui.
De tous les Pour il est le Contre ;
Il est le Non de tous les Oui.

Le diable est diseur de proverbes.
Il songeait. Son pied mal botté
Ecrasait dans les hautes herbes
La forêt de fleurs de l'été.

L'un près de l'autre nous passâmes.
— Çà, pensai-je, il est du métier. —
Le diable se connaît en femmes,
En qualité de bijoutier.

Je m'approchai de son altesse,
Le chapeau bas ; ce carnassier,
Calme, me fit la politesse
D'un sourire hostile et princier.

Je lui dis : — Que pensez-vous d'elle ?
Contez-moi ce que vous savez.
— Son désir de t'être fidèle,
Dit-il, est un de mes pavés.

XIV

ROSA FÂCHÉE

Une querelle. Pourquoi ?
Mon Dieu ! parce qu'on s'adore.
A peine s'est-on dit Toi
Que Vous se hâte d'éclore.

Le cœur tire sur son nœud ;
L'azur fuit ; l'âme est diverse.
L'amour est un ciel, qui pleut
Sur les amoureux à verse.

De même, quand, sans effroi,
Dans la forêt que juin dore,
On va rôder, sur la foi
Des promesses de l'aurore,

On peut être pris le soir,
Car le beau temps souvent triche,
Par un gros nuage noir
Qui n'était pas sur l'affiche.

XV

DANS LES RUINES
D'UNE ABBAYE

Seuls tous deux, ravis, chantants !
    Comme on s'aime !
Comme on cueille le printemps
    Que Dieu sème !

Quels rires étincelants
    Dans ces ombres
Pleines jadis de fronts blancs,
    De cœurs sombres !

On est tout frais mariés.
    On s'envoie
Les charmants cris variés
    De la joie.

Purs ébats mêlés au vent
    Qui frissonne !
Gaietés que le noir couvent
    Assaisonne !

On effeuille des jasmins
    Sur la pierre
Où l'abbesse joint ses mains
    En prière.

Les tombeaux, de croix marqués,
        Font partie
De ces jeux, un peu piqués
        Par l'ortie.

On se cherche, on se poursuit,
        On sent croître
Ton aube, amour, dans la nuit
        Du vieux cloître.

On s'en va se becquetant,
        On s'adore,
On s'embrasse à chaque instant,
        Puis encore,

Sous les piliers, les arceaux,
        Et les marbres.
C'est l'histoire des oiseaux
        Dans les arbres.

XVI

LES TROP HEUREUX

Quand avec celle qu'on enlève,
Joyeux, on s'est enfui si loin,
Si haut, qu'au-dessus de son rêve
On n'a plus que Dieu, doux témoin ;

Quand, sous un dais de fleurs sans nombre,
On a fait tomber sa beauté
Dans quelque précipice d'ombre,
De silence et de volupté ;

Quand, au fond du hallier farouche,
Dans une nuit pleine de jour,
Une bouche sur une bouche
Baise ce mot divin : amour !

Quand l'homme contemple la femme,
Quand l'amante adore l'amant,
Quand, vaincus, ils n'ont plus dans l'âme
Qu'un muet éblouissement,

Ce profond bonheur solitaire,
C'est le ciel que nous essayons.
Il irrite presque la terre
Résistante à trop de rayons.

Ce bonheur rend les fleurs jalouses
Et les grands chênes envieux,
Et fait qu'au milieu des pelouses
Le lys trouve le rosier vieux ;

Ce bonheur est si beau qu'il semble
Trop grand, même aux êtres ailés ;
Et la libellule qui tremble,
La graine aux pistils étoilés,

Et l'étamine, âme inconnue
Qui de la plante monte au ciel,
Le vent errant de nue en nue,
L'abeille errant de miel en miel,

L'oiseau, que les hivers désolent,
Le frais papillon rajeuni,
Toutes les choses qui s'envolent,
En murmurent dans l'infini.

XVII

À UN VISITEUR PARISIEN

Domremy, 182...

Moi, que je sois royaliste !
C'est à peu près comme si
Le ciel devait rester triste
Quand l'aube a dit : Me voici !

Un roi, c'est un homme équestre,
Personnage à numéro,
En marge duquel de Maistre[1]
Ecrit : Roi, lisez : Bourreau.

Je n'y crois plus. Est-ce un crime
Que d'avoir, par ma cloison,
Vu ce point du jour sublime,
Le lever de la raison !

J'étais jadis à l'école
Chez ce pédant, le Passé ;
J'ai rompu cette bricole ;
J'épelle un autre A B C.

Mon livre, ô fils de Lutèce,
C'est la nature, alphabet
Où le lys n'est point altesse,
Où l'arbre n'est point gibet.

Maintenant, je te l'avoue,
Je ne crois qu'au droit divin
Du cœur, de l'enfant qui joue,
Du franc rire et du bon vin.

Puisque tu me fais visite
Sous mon chaume, à Domremy,
A toi le Grec, moi le Scythe,
J'ouvre mon âme à demi...

Pas tout à fait. — La feuillée
Doit voiler le carrefour,
Et la porte entrebâillée
Convient au timide amour.

J'aime, en ces bois que j'habite,
L'aurore ; et j'ai dans mon trou
Pour pareil, le cénobite,
Pour contraire, le hibou.

Une femme me fascine ;
Comme Properce, j'entends
Une flûte tibicine[2]
Dans les branches du printemps.

J'ai pour jeu la poésie ;
J'ai pour torture un minois,
Vieux style, et la jalousie,
Ce casse-tête chinois.

Je suis fou d'une charmeuse,
De Paris venue ici,
Dont les saules de la Meuse
Sont tous amoureux aussi.

Je l'ai suivie en Sologne,
Je la suis à Vaucouleurs.
Mon cœur rit, ma raison grogne,
Et me voilà dans les fleurs.

Je l'ai nommée Euryanthe.
J'en perds l'âme et l'appétit.
Circonstance atténuante :
Elle a le pied très petit.

Plains-moi. Telle est ma blessure.
Cela dit, amusons-nous.
Oublions tout, la censure,
Rome, et l'abbé Frayssinous[3].

Cours les bals, danse aux kermesses.
Les filles ont de la foi ;
Fais-toi tenir les promesses
Qu'elles m'ont faites à moi.

Ris, savoure, aime, déguste,
Et, libres, narguons un peu
Le roi, ce faux nez auguste
Que le prêtre met à Dieu.

XVIII

DÉNONCIATION DE L'ESPRIT
DES BOIS

J'ai vu ton ami, j'ai vu ton amie ;
Mérante et Rosa ; vous n'étiez point trois.
Fils, ils ont produit une épidémie
De baisers parmi les nids de mon bois.

Ils étaient contents, le diable m'emporte !
Tu n'étais point là. Je les regardais.
Jadis on trompait Jupin de la sorte ;
Car parfois un dieu peut être un dadais.

Moi je suis très laid, j'ai l'épaule haute,
Mais, bah ! quand je peux, je ris de bon cœur.
Chacun a sa part ; on plane, je saute ;
Vous êtes les beaux, je suis le moqueur.

Quand le ciel charmant se mire à la source,
Quand les autres ont l'âme et le baiser,
Faire la grimace est une ressource.
N'étant pas heureux, il faut s'amuser.

Je dois t'avertir qu'un bois souvent couvre
Des détails, piquants pour Brantôme et Grimm,
Que les yeux sont faits pour qu'on les entrouvre,
Fils, et qu'une absence est un intérim.

Un cœur parfois trompe et se désabonne.
Qui veille a raison. Dieu, ce grand Bréguet[1],
Fit la confiance, et, la trouvant bonne,
L'améliora par un peu de guet.

Tu serais marmotte ou l'un des Quarante
Que tu ne pourrais dormir mieux que ça
Pendant que Rosa sourit à Mérante,
Pendant que Mérante embrasse Rosa.

XIX

RÉPONSE À L'ESPRIT DES BOIS

Nain qui me railles,
Gnome aperçu
Dans les broussailles,
Ailé, bossu ;

Face moisie,
Sur toi, boudeur,
La poésie
Tourne en laideur.

Magot de l'Inde,
Dieu d'Abydos,
Ce mont, le Pinde,
Est sur ton dos.

Ton nom est Fable.
Ton boniment
Quelquefois hâble
Et toujours ment.

Ta verve est faite
De ton limon,
Et le poète
Sort du démon.

Monstre apocryphe,
Trouble-raisons,
On sent ta griffe
Dans ces buissons.

Tu me dénonces
Un rendez-vous,
O fils des ronces,
Frère des houx,

Et ta voix grêle
Vient accuser
D'un sourire, elle,
Lui, d'un baiser.

Quel vilain rôle !
Je n'en crois rien,
Vieux petit drôle
Aérien.

Reprends ta danse,
Spectre badin ;
Reçois quittance
De mon dédain

Où j'enveloppe
Tous tes aïeux
Depuis Esope
Jusqu'à Mayeux[1].

XX

LETTRE

J'ai mal dormi. C'est votre faute.
J'ai rêvé que, sur des sommets,
Nous nous promenions côte à côte,
Et vous chantiez, et tu m'aimais.

Mes dix-neuf ans étaient la fête
Qu'en frissonnant je vous offrais ;
Vous étiez belle et j'étais bête
Au fond des bois sombres et frais.

Je m'abandonnais aux ivresses ;
Au-dessus de mon front vivant
Je voyais fuir les molles tresses
De l'aube, du rêve et du vent.

J'étais ébloui, beau, superbe ;
Je voyais des jardins de feu,
Des nids dans l'air, des fleurs dans l'herbe,
Et dans un immense éclair, Dieu.

Mon sang murmurait dans mes tempes
Une chanson que j'entendais ;
Les planètes étaient mes lampes ;
J'étais archange sous un dais.

Car la jeunesse est admirable,
La joie emplit nos sens hardis ;
Et la femme est le divin diable
Qui taquine ce paradis.

Elle tient un fruit qu'elle achève
Et qu'elle mord, ange et tyran ;
Ce qu'on nomme la pomme d'Eve,
Tristes cieux ! c'est le cœur d'Adam.

J'ai toute la nuit eu la fièvre.
Je vous adorais en dormant ;
Le mot amour sur votre lèvre
Faisait un vague flamboiement.

Pareille à la vague où l'œil plonge,
Votre gorge m'apparaissait
Dans une nudité de songe,
Avec une étoile au corset.

Je voyais vos jupes de soie,
Votre beauté, votre blancheur ;
J'ai jusqu'à l'aube été la proie
De ce rêve mauvais coucheur.

Vous aviez cet air qui m'enchante ;
Vous me quittiez, vous me preniez ;
Vous changiez d'amours, plus méchante
Que les tigres calomniés.

Nos âmes se sont dénouées,
Et moi, de souffrir j'étais las ;
Je me mourais dans des nuées
Où je t'entendais rire, hélas !

Je me réveille, et ma ressource
C'est de ne plus penser à vous,
Madame, et de fermer la source
Des songes sinistres et doux.

Maintenant, calmé, je regarde,
Pour oublier d'être jaloux,
Un tableau qui dans ma mansarde
Suspend Venise à quatre clous.

C'est un cadre ancien qu'illumine,
Sous de grands arbres, jadis verts,
Un soleil d'assez bonne mine
Quoique un peu mangé par les vers.

Le paysage est plein d'amantes,
Et du vieux sourire effacé
De toutes les femmes charmantes
Et cruelles du temps passé.

Sans les éteindre, les années
Ont couvert de molles pâleurs
Les robes vaguement traînées
Dans de la lumière et des fleurs.

Un bateau passe. Il porte un groupe
Où chante un prélat violet ;
L'ombre des branches se découpe
Sur le plafond du tendelet.

A terre, un pâtre, aimé des muses,
Qui n'a que la peau sur les os,
Regarde des choses confuses
Dans le profond ciel, plein d'oiseaux.

XXI

L'OUBLI

Autrefois inséparables,
Et maintenant séparés.
Gaie, elle court dans les prés,
La belle aux chants adorables ;

La belle aux chants adorés,
Elle court dans la prairie ;
Les bois pleins de rêverie
De ses yeux sont éclairés.

Apparition exquise !
Elle marche en soupirant,
Avec cet air conquérant
Qu'on a quand on est conquise.

La Toilette, cet esprit,
Cette déesse grisette,
Qu'adore en chantant Lisette,
A qui Minerve sourit,

Pour la faire encore plus belle
Que ne l'avait faite Dieu,
Pour que le vague oiseau bleu
Sur son front batte de l'aile,

A sur cet ange câlin
Epuisé toute sa flore,
Les lys, les roses, l'aurore,
Et la maison Gagelin[1].

Soubrette divine et leste,
La Toilette au doigt tremblant
A mis un frais chapeau blanc
Sur ce flamboiement céleste.

Regardez-la maintenant.
Que cette belle est superbe !
Le cœur humain comme l'herbe
Autour d'elle est frissonnant.

Oh ! la fière conquérante !
Le grand œil mystérieux !
Prévost craint pour Desgrieux,
Molière a peur pour Dorante.

Elle a l'air, dans la clarté
Dont elle est toute trempée,
D'une étincelle échappée
A l'idéale beauté.

O grâce surnaturelle !
Il suffit, pour qu'on soit fou,
Qu'elle ait un ruban au cou,
Qu'elle ait un chiffon sur elle.

Ce chiffon charmant soudain
Aux rayons du jour ressemble,
Et ce ruban sacré semble
Avoir fleuri dans l'Eden.

Elle serait bien fâchée
Qu'on ne vît pas dans ses yeux
Que de la coupe des cieux
Sa lèvre s'est approchée,

Qu'elle veut vaincre et charmer,
Et que c'est là sa manière,
Et qu'elle est la prisonnière
Du doux caprice d'aimer.

Elle sourit, et, joyeuse,
Parle à son nouvel amant
Avec le chuchotement
D'une abeille dans l'yeuse.

— Prends mon âme et mes vingt ans.
Je n'aime que toi ! dit-elle. —
O fille d'Eve éternelle,
O femme aux cheveux flottants,

Ton roman sans fin s'allonge ;
Pendant qu'aux plaisirs tu cours,
Et que, te croyant toujours
Au commencement du songe,

Tu dis en baissant la voix :
— Pour la première fois, j'aime ! —
L'amour, ce moqueur suprême,
Rit, et compte sur ses doigts.

Et, sans troubler l'aventure
De la belle aux cheveux d'or,
Sur ce cœur, si neuf encor,
L'amour fait une rature.

Et l'ancien amant ? Pâli,
Brisé, sans doute à cette heure
Il se désespère et pleure... —
Ecoutez ce hallali.

Passez les monts et les plaines ;
La curée est dans les bois ;
Les chiens mêlent leurs abois,
Les fleurs mêlent leurs haleines ;

Le voyez-vous ? Le voilà.
Il est le centre. Il flamboie.
Il luit. Jamais plus de joie
Dans plus d'orgueil ne brilla.

Il brille au milieu des femmes,
Tous les yeux lui disant oui,
Comme un astre épanoui
Dans un triomphe de flammes.

Il cherche en face de lui
Un sourire peu sévère,
Il chante, il lève son verre,
Eblouissant, ébloui.

Tandis que ces gaietés franches
Tourbillonnent à sa voix,
Elle, celle d'autrefois,
Là-bas, bien loin, sous les branches,

Dans les taillis hasardeux,
Aime, adore, se recueille,
Et, près de l'autre, elle effeuille
Une marguerite à deux.

Fatal cœur, comme tu changes !
Lui sans elle, elle sans lui !
Et sur leurs fronts sans ennui
Ils ont la clarté des anges.

Le séraphin à l'œil pur
Les verrait avec envie,
Tant à leur âme ravie
Se mêle un profond azur !

Sur ces deux bouches il semble
Que le ciel met son frisson ;
Sur l'une erre la chanson,
Sur l'autre le baiser tremble.

Ces êtres s'aimaient jadis ;
Mais qui viendrait le leur dire
Ferait éclater de rire
Ces bouches du paradis.

Les baisers de l'autre année,
Où sont-ils ? Quoi ! nul remord !
Non ! tout cet avril est mort,
Toute cette aube est fanée.

Bah ! le baiser, le serment,
Rien de tout cela n'existe.
Le myosotis, tout triste,
Y perdrait son allemand.

Elle ! à travers ses longs voiles,
Que son regard est charmant !
Lui ! comme il jette gaiement
Sa chanson dans les étoiles !

Qu'elle est belle ! Qu'il est beau ! —
Le morne oubli prend dans l'ombre,
Par degrés, l'épaisseur sombre
De la pierre du tombeau.

Livre second

SAGESSE

1

Ama, crede[1]

I

DE LA FEMME AU CIEL

L'âme a des étapes profondes.
On se laisse d'abord charmer,
Puis convaincre. Ce sont deux mondes.
Comprendre est au-delà d'aimer.

Aimer, comprendre : c'est le faîte.
Le Cœur, cet oiseau du vallon,
Sur le premier degré s'arrête ;
L'Esprit vole à l'autre échelon.

A l'amant succède l'archange ;
Le baiser, puis le firmament ;
Le point d'obscurité se change
En un point de rayonnement.

Mets de l'amour sur cette terre
Dans les vains brins d'herbe flottants.
Cette herbe devient, ô mystère !
Le nid sombre au fond du printemps.

Ajoute, en écartant son voile,
De la lumière au nid béni.
Et le nid deviendra l'étoile
Dans la forêt de l'infini.

II

L'ÉGLISE

I

J'errais. Que de charmantes choses !
Il avait plu ; j'étais crotté ;
Mais puisque j'ai vu tant de roses,
Je dois dire la vérité.

J'arrivai tout près d'une église,
De la verte église au bon Dieu,
Où qui voyage sans valise
Ecoute chanter l'oiseau bleu.

C'était l'église en fleurs, bâtie
Sans pierre, au fond du bois mouvant,
Par l'aubépine et par l'ortie
Avec des feuilles et du vent.

Le porche était fait de deux branches,
D'une broussaille et d'un buisson ;
La voussure, toute en pervenches,
Etait signée : Avril, maçon.

Dans cette vive architecture,
Ravissante aux yeux attendris,
On sentait l'art de la nature ;
On comprenait que la perdrix,

Que l'alouette et que la grive
Avaient donné de bons avis
Sur la courbure de l'ogive,
Et que Dieu les avait suivis.

Une haute rose trémière
Dressait sur le toit de chardons
Ses cloches pleines de lumière
Où carillonnaient les bourdons.

Cette flèche gardait l'entrée ;
Derrière on voyait s'ébaucher
Une digitale pourprée,
Le clocheton près du clocher.

Seul sous une pierre, un cloporte
Songeait, comme Jean à Pathmos ;
Un lys s'ouvrait près de la porte
Et tenait les fonts baptismaux.

Au centre où la mousse s'amasse,
L'autel, un caillou, rayonnait,
Lamé d'argent par la limace
Et brodé d'or par le genêt.

Un escalier de fleurs ouvertes,
Tordu dans le style saxon[1],
Copiait ses spirales vertes
Sur le dos d'un colimaçon.

Un cytise en pleine révolte,
Troublant l'ordre, étouffant l'écho,
Encombrait toute l'archivolte
D'un grand falbala rococo.

En regardant par la croisée,
O joie ! on sentait là quelqu'un.
L'eau bénite était en rosée,
Et l'encens était en parfum.

Les rayons à leur arrivée,
Et les gais zéphirs querelleurs,
Allaient de travée en travée
Baiser le front penché des fleurs.

Toute la nef, d'aube baignée,
Palpitait d'extase et d'émoi.
— Ami, me dit une araignée,
La grande rosace est de moi.

II

Tout était d'accord dans les plaines,
Tout était d'accord dans les bois
Avec la douceur des haleines,
Avec le mystère des voix.

Tout aimait ; tout faisait la paire.
L'arbre à la fleur disait : Nini ;
Le mouton disait : Notre Père,
Que votre sainfoin soit béni !

Les abeilles dans l'anémone
Mendiaient, essaim diligent ;
Le printemps leur faisait l'aumône
Dans une corbeille d'argent.

Et l'on mariait dans l'église,
Sous le myrte et le haricot,
Un œillet nommé Cydalise
Avec un chou nommé Jacquot.

Un bon vieux pommier solitaire
Semait ses fleurs, tout triomphant,
Et j'aimais, dans ce frais mystère,
Cette gaieté de vieil enfant.

Au lutrin chantaient, couple allègre,
Pour des auditeurs point ingrats,
Le cricri, ce poète maigre,
Et l'ortolan, ce chantre gras.

Un vif pierrot, de tige en tige,
Sautait là, comme en son jardin ;
Je suivais des yeux la voltige
Qu'exécutait ce baladin,

Ainsi qu'aux temps où Notre-Dame,
Pour célébrer n'importe qui,
Faisait sur ses tours, comme une âme,
Envoler madame Saqui[2].

Un beau papillon dans sa chape
Officiait superbement.
Une rose riait sous cape
Avec un frelon son amant.

Et, du fond des molles cellules,
Les jardinières, les fourmis,
Les frémissantes libellules,
Les demoiselles, chastes miss,

Les mouches aux ailes de crêpes
Admiraient près de sa Phryné
Ce frelon, officier des guêpes,
Coiffé d'un képi galonné.

Cachés par une primevère,
Une caille, un merle siffleur,
Buvaient tous deux au même verre
Dans une belladone en fleur.

Pensif, j'observais en silence,
Car un cœur n'a jamais aimé
Sans remarquer la ressemblance
De l'amour et du mois de mai.

III

Les clochettes sonnaient la messe.
Tout ce petit temple béni
Faisait à l'âme une promesse
Que garantissait l'infini.

J'entendais, en strophes discrètes,
Monter, sous un frais corridor,
Le Te Deum des pâquerettes,
Et l'hosanna des boutons d'or.

Les mille feuilles que l'air froisse
Formaient le mur tremblant et doux.
Et je reconnus ma paroisse ;
Et j'y vis mon rêve à genoux.

J'y vis près de l'autel, derrière
Les résédas et les jasmins,
Les songes faisant leur prière,
L'espérance joignant les mains.

J'y vis mes bonheurs éphémères,
Les blancs spectres de mes beaux jours,
Parmi les oiseaux mes chimères,
Parmi les roses mes amours.

IV

Un grand houx, de forme incivile,
Du haut de sa fauve beauté,
Regardait mon habit de ville ;
Il était fleuri, moi crotté ;

J'étais crotté jusqu'à l'échine.
Le houx ressemblait au chardon
Que fait brouter l'ânier de Chine
A son âne de céladon.

Un bon crapaud faisait la lippe
Près d'un champignon malfaisant.
La chaire était une tulipe
Qu'illuminait un ver luisant.

Au seuil priait cette grisette
A l'air doucement fanfaron,
Qu'à Paris on nomme Lisette,
Qu'aux champs on nomme Liseron.

Un grimpereau, cherchant à boire,
Vit un arum, parmi le thym,
Qui dans sa feuille, blanc ciboire,
Cachait la perle du matin ;

Son bec, dans cette vasque ronde,
Prit la goutte d'eau qui brilla ;
La plus belle feuille du monde
Ne peut donner que ce qu'elle a.

Les chenilles peuplaient les ombres ;
L'enfant de chœur Coquelicot
Regardait ces fileuses sombres
Faire dans un coin leur tricot.

Les joncs, que coudoyait sans morgue
La violette, humble prélat,
Attendaient, pour jouer de l'orgue,
Qu'un bouc ou qu'un moine bêlât.

Au fond s'ouvrait une chapelle
Qu'on évitait avec horreur ;
C'est là qu'habite avec sa pelle
Le noir scarabée enterreur.

Mon pas troubla l'église fée ;
Je m'aperçus qu'on m'écoutait.
L'églantine dit : C'est Orphée.
La ronce dit : C'est Colletet[3].

III

SAISON DES SEMAILLES. LE SOIR

C'est le moment crépusculaire.
J'admire, assis sous un portail,
Ce reste de jour dont s'éclaire
La dernière heure du travail.

Dans les terres, de nuit baignées,
Je contemple, ému, les haillons
D'un vieillard qui jette à poignées
La moisson future aux sillons.

Sa haute silhouette noire
Domine les profonds labours.
On sent à quel point il doit croire
A la fuite utile des jours.

Il marche dans la plaine immense,
Va, vient, lance la graine au loin,
Rouvre sa main, et recommence,
Et je médite, obscur témoin,

Pendant que, déployant ses voiles,
L'ombre, où se mêle une rumeur,
Semble élargir jusqu'aux étoiles
Le geste auguste du semeur.

II

Oiseaux et enfants

I

Oh ! les charmants oiseaux joyeux !
Comme ils maraudent ! comme ils pillent !
Où va ce tas de petits gueux
Que tous les souffles éparpillent ?

Ils s'en vont au clair firmament ;
Leur voix raille, leur bec lutine ;
Ils font rire éternellement
La grande nature enfantine.

Ils vont aux bois, ils vont aux champs,
A nos toits remplis de mensonges,
Avec des cris, avec des chants,
Passant, fuyant, pareils aux songes.

Comme ils sont près du Dieu vivant
Et de l'aurore fraîche et douce,
Ces gais bohémiens du vent
N'amassent rien qu'un peu de mousse.

Toute la terre est sous leurs yeux ;
Dieu met, pour ces purs êtres frêles,
Un triomphe mystérieux
Dans la légèreté des ailes.

Atteignent-ils les astres ? Non.
Mais ils montent jusqu'aux nuages.
Vers le rêveur, leur compagnon,
Ils vont, familiers et sauvages.

La grâce est tout leur mouvement,
La volupté toute leur vie ;
Pendant qu'ils volent vaguement
La feuillée immense est ravie.

L'oiseau va moins haut que Psyché.
C'est l'ivresse dans la nuée.
Vénus semble l'avoir lâché
De sa ceinture dénouée.

Il habite le demi-jour ;
Le plaisir est sa loi secrète.
C'est du temple que sort l'amour,
C'est du nid que vient l'amourette.

L'oiseau s'enfuit dans l'infini
Et s'y perd comme un son de lyre.
Avec sa queue il dit nenni
Comme Jeanne avec son sourire.

Que lui faut-il ? un réséda,
Un myrte, une ombre, une cachette.
Esprit, tu voudrais Velléda[1] ;
Oiseau, tu chercherais Fanchette.

Colibri, comme Ithuriel[2],
Appartient à la zone bleue.
L'ange est de la cité du ciel ;
Les oiseaux sont de la banlieue.

II

UNE ALCÔVE
AU SOLEIL LEVANT

L'humble chambre a l'air de sourire ;
Un bouquet orne un vieux bahut ;
Cet intérieur ferait dire
Aux prêtres : Paix ! aux femmes : Chut !

Au fond une alcôve se creuse.
Personne. On n'entre ni ne sort.
Surveillance mystérieuse !
L'aube regarde : un enfant dort.

Une petite en ce coin sombre
Etait là dans un berceau blanc,
Ayant je ne sais quoi dans l'ombre
De confiant et de tremblant.

Elle étreignait dans sa main calme
Un grelot d'argent qui penchait ;
L'innocence au ciel tient la palme
Et sur la terre le hochet.

Comme elle sommeille ! Elle ignore
Le bien, le mal, le cœur, les sens,
Son rêve est un sentier d'aurore
Dont les anges sont les passants.

Son bras, par instants, sans secousse,
Se déplace, charmant et pur ;
Sa respiration est douce
Comme une mouche dans l'azur.

Le regard de l'aube la couvre ;
Rien n'est auguste et triomphant
Comme cet œil de Dieu qui s'ouvre
Sur les yeux fermés de l'enfant.

III

COMÉDIE DANS LES FEUILLES

Au fond du parc qui se délabre,
Vieux, désert, mais encor charmant
Quand la lune, obscur candélabre,
S'allume en son écroulement,

Un moineau-franc, que rien ne gêne,
A son grenier, tout grand ouvert,
Au cinquième étage d'un chêne
Qu'avril vient de repeindre en vert.

Un saule pleureur se hasarde
A gémir sur le doux gazon,
A quelques pas de la mansarde
Où ricane ce polisson.

Ce saule ruisselant se penche ;
Un petit lac est à ses pieds,
Où tous ses rameaux, branche à branche,
Sont correctement copiés.

Tout en visitant sa coquine
Dans le nid par l'aube doré,
L'oiseau rit du saule, et taquine
Ce bon vieux lakiste[1] éploré.

Il crie à toutes les oiselles
Qu'il voit dans les feuilles sautant :
— Venez donc voir, mesdemoiselles !
Ce saule a pleuré cet étang.

Il s'abat dans son tintamarre
Sur le lac qu'il ose insulter :
— Est-elle bête cette mare !
Elle ne sait que répéter.

O mare, tu n'es qu'une ornière.
Tu rabâches ton saule. Allons,
Change donc un peu de manière.
Ces vieux rameaux-là sont très longs.

Ta géorgique n'est pas drôle.
Sous prétexte qu'on est miroir,
Nous faire le matin un saule
Pour nous le refaire le soir !

C'est classique, cela m'assomme.
Je préférerais qu'on se tût.
Çà, ton bon saule est un bonhomme ;
Les saules sont de l'institut.

Je vois d'ici bâiller la truite.
Mare, c'est triste, et je t'en veux
D'être échevelée à la suite
D'un vieux qui n'a plus de cheveux.

Invente-nous donc quelque chose !
Calque, mais avec abandon.
Je suis fille, fais une rose,
Je suis âne, fais un chardon.

Aie une idée, un iris jaune,
Un bleu nénuphar triomphant !
Sapristi ! il est temps qu'un faune
Fasse à ta naïade un enfant. —

Puis il s'adresse à la linotte :
— Vois-tu, ce saule, en ce beau lieu,
A pour état de prendre en note
Le diable à côté du bon Dieu.

De là son deuil. Il est possible
Que tout soit mal, ô ma catin ;
L'oiseau sert à l'homme de cible,
L'homme sert de cible au destin ;

Mais moi, j'aime mieux, sans envie,
Errer de bosquet en bosquet,
Corbleu, que de passer ma vie
A remplir de pleurs un baquet ! —

Le saule à la morne posture,
Noir comme le bois des gibets,
Se tait, et la mère nature
Sourit dans l'ombre aux quolibets

Que jette, à travers les vieux marbres,
Les quinconces, les buis, les eaux,
A cet Héraclite[2] des arbres
Ce Démocrite des oiseaux.

IV

Les enfants lisent, troupe blonde ;
Ils épellent, je les entends ;
Et le maître d'école gronde
Dans la lumière du printemps

J'aperçois l'école entrouverte ;
Et je rôde au bord des marais ;
Toute la grande saison verte
Frissonne au loin dans les forêts.

Tout rit, tout chante ; c'est la fête
De l'infini que nous voyons ;
La beauté des fleurs semble faite
Avec la candeur des rayons.

J'épelle aussi moi ; je me penche
Sur l'immense livre joyeux ;
O champs, quel vers que la pervenche !
Quelle strophe que l'aigle, ô cieux !

Mais, mystère ! rien n'est sans tache.
Rien ! — Qui peut dire par quels nœuds
La végétation rattache
Le lys chaste au chardon hargneux ?

Tandis que là-bas siffle un merle,
La sarcelle, des roseaux plats,
Sort, ayant au bec une perle ;
Cette perle agonise, hélas !

C'est le poisson qui, tout à l'heure,
Poursuivait l'aragne, courant
Sur sa bleue et vague demeure,
Sinistre monde transparent.

Un coup de fusil dans la haie,
Abois d'un chien ; c'est le chasseur.
Et, pensif, je sens une plaie
Parmi toute cette douceur.

Et, sous l'herbe pressant la fange,
Triste passant de ce beau lieu,
Je songe au mal, énigme étrange,
Faute d'orthographe de Dieu.

III

Liberté, égalité, fraternité

I

Depuis six mille ans la guerre
Plaît aux peuples querelleurs,
Et Dieu perd son temps à faire
Les étoiles et les fleurs.

Les conseils du ciel immense,
Du lys pur, du nid doré,
N'ôtent aucune démence
Du cœur de l'homme effaré.

Les carnages, les victoires,
Voilà notre grand amour ;
Et les multitudes noires
Ont pour grelot le tambour.

La gloire, sous ses chimères
Et sous ses chars triomphants,
Met toutes les pauvres mères
Et tous les petits enfants.

Notre bonheur est farouche ;
C'est de dire : Allons ! mourons !
Et c'est d'avoir à la bouche
La salive des clairons.

L'acier luit, les bivouacs fument ;
Pâles, nous nous déchaînons ;
Les sombres âmes s'allument
Aux lumières des canons.

Et cela pour des altesses
Qui, vous à peine enterrés,
Se feront des politesses
Pendant que vous pourrirez,

Et que, dans le champ funeste,
Les chacals et les oiseaux,
Hideux, iront voir s'il reste
De la chair après vos os !

Aucun peuple ne tolère
Qu'un autre vive à côté ;
Et l'on souffle la colère
Dans notre imbécillité.

C'est un Russe ! Egorge, assomme.
Un Croate ! Feu roulant.
C'est juste. Pourquoi cet homme
Avait-il un habit blanc ?

Celui-ci, je le supprime
Et m'en vais, le cœur serein,
Puisqu'il a commis le crime
De naître à droite du Rhin.

Rosbach ! Waterloo ! Vengeance !
L'homme, ivre d'un affreux bruit,
N'a plus d'autre intelligence
Que le massacre et la nuit.

On pourrait boire aux fontaines,
Prier dans l'ombre à genoux,
Aimer, songer sous les chênes ;
Tuer son frère est plus doux.

On se hache, on se harponne,
On court par monts et par vaux ;
L'épouvante se cramponne
Du poing aux crins des chevaux.

Et l'aube est là sur la plaine !
Oh ! j'admire, en vérité,
Qu'on puisse avoir de la haine
Quand l'alouette a chanté.

II

LE VRAI DANS LE VIN

Jean Sévère était fort ivre.
O barrière ! ô lieu divin
Où Surène[1] nous délivre
Avec l'azur de son vin !

Un faune habitant d'un antre,
Sous les pampres de l'été,
Aurait approuvé son ventre
Et vénéré sa gaieté.

Il était beau de l'entendre.
On voit, quand cet homme rit,
Chacun des convives tendre
Comme un verre son esprit.

A travers les mille choses
Qu'on dit parmi les chansons,
Tandis qu'errent sous les roses
Les filles et les garçons,

On parla d'une bataille ;
Deux peuples, russe et prussien,
Sont hachés par la mitraille ;
Les deux rois se portent bien.

Chacun de ces deux bons princes
(De là tous leurs différends)
Trouve ses Etats trop minces
Et ceux du voisin trop grands.

Les peuples, eux, sont candides ;
Tout se termine à leur gré
Par un dôme d'Invalides
Plein d'infirmes et doré.

Les rois font pour la victoire
Un hospice, où le guerrier
Ira boiter dans la gloire,
Borgne, et coiffé d'un laurier.

Nous admirions ; mais, farouche,
En nous voyant tous béats,
Jean Sévère ouvrit la bouche
Et dit ces alinéas :

« Le pauvre genre humain pleure,
« Nos pas sont tremblants et courts,
« Je suis très ivre, et c'est l'heure
« De faire un sage discours.

« Le penseur joint sous la treille
« La logique à la boisson ;
« Le sage, après la bouteille,
« Doit déboucher la raison.

« Faire, au lieu des deux armées,
« Battre les deux généraux,
« Diminuerait les fumées
« Et grandirait les héros.

« Que me sert le dithyrambe
« Qu'on va chantant devant eux,
« Et que Dieu m'ait fait ingambe
« Si les rois me font boiteux ?

« Ils ne me connaissent guère
« S'ils pensent qu'il me suffit
« D'avoir les coups de la guerre
« Quand ils en ont le profit.

« Foin des beaux portails de marbre
« De la Flèche et de Saint-Cyr !
« Lorsqu'avril fait pousser l'arbre,
« Je n'éprouve aucun plaisir,

« En voyant la branche, où flambe
« L'aurore qui m'éveilla,
« A dire : « C'est une jambe
« Peut-être qui me vient là ! »

« L'invalide altier se traîne,
« Du poids d'un bras déchargé ;
« Mais moi je n'ai nulle haine
« Pour tous les membres que j'ai.

« Recevoir des coups de sabre,
« Choir sous les pieds furieux
« D'un escadron qui se cabre,
« C'est charmant ; boire vaut mieux.

« Plutôt gambader sur l'herbe
« Que d'être criblé de plomb !
« Le nez coupé, c'est superbe ;
« J'aime autant mon nez trop long.

« Décoré par mon monarque,
« Je m'en reviens, ébloui,
« Mais bancal, et je remarque
« Qu'il a ses deux pattes, lui.

« Manchot, fier, l'hymen m'attire ;
« Je vois celle qui me plaît
« En lorgner d'autres et dire :
« Je l'aimerais mieux complet. »

« Fils, c'est vrai, je ne savoure
« Qu'en douteur voltairien
« Cet effet de ma bravoure
« De n'être plus bon à rien.

« La jambe de bois est noire ;
« La guerre est un dur sentier ;
« Quant à ce qu'on nomme gloire,
« La gloire, c'est d'être entier.

« L'infirme adosse son râble,
« En trébuchant, aux piliers ;
« C'est une chose admirable,
« Fils, que d'user deux souliers.

« Fils, j'aimerais que mon prince,
« En qui je mets mon orgueil,
« Pût gagner une province
« Sans me faire perdre un œil.

« Un discours de cette espèce
« Sortant de mon hiatus,
« Prouve que la langue épaisse
« Ne fait pas l'esprit obtus. »

Ainsi parla Jean Sévère,
Ayant dans son cœur sans fiel
La justice, et dans son verre
Un vin bleu comme le ciel.

L'ivresse mit dans sa tête
Ce bon sens qu'il nous versa.
Quelquefois Silène prête
Son âne à Sancho Pança.

III

CÉLÉBRATION DU 14 JUILLET

DANS LA FORÊT

Qu'il est joyeux aujourd'hui
Le chêne aux rameaux sans nombre,
Mystérieux point d'appui
De toute la forêt sombre !

Comme quand nous triomphons,
Il frémit, l'arbre civique ;
Il répand à plis profonds
Sa grande ombre magnifique.

D'où lui vient cette gaieté ?
D'où vient qu'il vibre et se dresse,
Et semble faire à l'été
Une plus fière caresse ?

C'est le quatorze juillet.
A pareil jour, sur la terre
La liberté s'éveillait
Et riait dans le tonnerre.

Peuple, à pareil jour râlait
Le passé, ce noir pirate ;
Paris prenait au collet
La Bastille scélérate.

A pareil jour, un décret
Chassait la nuit de la France,
Et l'infini s'éclairait
Du côté de l'espérance.

Tous les ans, à pareil jour,
Le chêne au Dieu qui nous crée
Envoie un frisson d'amour,
Et rit à l'aube sacrée.

Il se souvient, tout joyeux,
Comme on lui prenait ses branches !
L'âme humaine dans les cieux,
Fière, ouvrait ses ailes blanches.

Car le vieux chêne est gaulois :
Il hait la nuit et le cloître ;
Il ne sait pas d'autres lois
Que d'être grand et de croître.

Il est grec, il est romain ;
Sa cime monte, âpre et noire,
Au-dessus du genre humain
Dans une lueur de gloire.

Sa feuille, chère aux soldats,
Va, sans peur et sans reproche,
Du front d'Epaminondas
A l'uniforme de Hoche.

Il est le vieillard des bois ;
Il a, richesse de l'âge,
Dans sa racine Autrefois,
Et Demain dans son feuillage.

Les rayons, les vents, les eaux,
Tremblent dans toutes ses fibres ;
Comme il a besoin d'oiseaux,
Il aime les peuples libres.

C'est son jour. Il est content.
C'est l'immense anniversaire.
Paris était haletant.
La lumière était sincère.

Au loin roulait le tambour... —
Jour béni ! jour populaire,
Où l'on vit un chant d'amour
Sortir d'un cri de colère !

Il tressaille, aux vents bercé,
Colosse où dans l'ombre austère
L'avenir et le passé
Mêlent leur double mystère.

Les éclipses, s'il en est,
Ce vieux naïf les ignore.
Il sait que tout ce qui naît,
L'œuf muet, le vent sonore,

Le nid rempli de bonheur,
La fleur sortant des décombres,
Est la parole d'honneur
Que Dieu donne aux vivants sombres.

Il sait, calme et souriant,
Sérénité formidable !
Qu'un peuple est un orient,
Et que l'astre est imperdable.

Il me salue en passant,
L'arbre auguste et centenaire ;
Et dans le bois innocent
Qui chante et que je vénère,

Etalant mille couleurs,
Autour du chêne superbe
Toutes les petites fleurs
Font leur toilette dans l'herbe.

L'aurore aux pavots dormants
Verse sa coupe enchantée ;
Le lys met ses diamants ;
La rose est décolletée.

Par-dessus les thyms fleuris
La violette regarde ;
Un encens sort de l'iris ;
L'œillet semble une cocarde.

Aux chenilles de velours
Le jasmin tend ses aiguières ;
L'arum conte ses amours,
Et la garance ses guerres.

Le moineau-franc, gai, taquin,
Dans le houx qui se pavoise,
D'un refrain républicain
Orne sa chanson grivoise.

L'ajonc rit près du chemin ;
Tous les buissons des ravines
Ont leur bouquet à la main ;
L'air est plein de voix divines.

Et ce doux monde charmant,
Heureux sous le ciel prospère,
Epanoui, dit gaiement :
C'est la fête du grand-père[1].

IV

SOUVENIR DES VIEILLES GUERRES

Pour la France et la république,
En Navarre[1] nous nous battions.
Là parfois la balle est oblique ;
Tous les rocs sont des bastions.

Notre chef, une barbe grise,
Le capitaine, était tombé,
Ayant reçu près d'une église
Le coup de fusil d'un abbé.

La blessure parut malsaine.
C'était un vieux et fier garçon,
En France, à Marine-sur-Seine[2],
On peut voir encor sa maison.

On emporta le capitaine
Dont on sentait plier les os ;
On l'assit près d'une fontaine
D'où s'envolèrent les oiseaux.

Nous lui criâmes : — Guerre ! fête !
Forçons le camp ! prenons le fort ! —
Mais il laissa pencher sa tête,
Et nous vîmes qu'il était mort.

L'aide-major avec sa trousse
N'y put rien faire et s'en alla ;
Nous ramassâmes de la mousse ;
De grands vieux chênes étaient là.

On fit au mort une jonchée
De fleurs et de branches de houx ;
Sa bouche n'était point fâchée,
Son œil intrépide était doux.

L'abbé fut pris. — Qu'on nous l'amène !
Qu'il meure ! — On forma le carré ;
Mais on vit que le capitaine
Voulait faire grâce au curé.

On chassa du pied le jésuite ;
Et le mort semblait dire : Assez !
Quoiqu'il dût regretter la suite
De nos grands combats commencés.

Il avait sans doute à Marine
Quelques bons vieux amours tremblants ;
Nous trouvâmes sur sa poitrine
Une boucle de cheveux blancs.

Une fosse lui fut creusée
A la baïonnette, en priant ;
Puis on laissa sous la rosée
Dormir ce brave souriant.

Le bataillon reprit sa marche,
A la brune, entre chien et loup ;
Nous marchions. Les ponts n'ont qu'une arche.
Des pâtres au loin sont debout.

La montagne est assez maussade ;
La nuit est froide et le jour chaud ;
Et l'on rencontre l'embrassade
Des grands ours de huit pieds de haut.

L'homme en ces monts naît trabucaire[3] ;
Prendre et pendre est tout l'alphabet ;
Et tout se règle avec l'équerre
Que font les deux bras du gibet.

On est bandit en paix, en guerre
On s'appelle guerillero.
Le peuple au roi laisse tout faire ;
Cet ânier mène ce taureau.

Dans les ravins, dans les rigoles
Que creusent les eaux et les ans,
De longues files d'espingoles
Rampaient comme des vers luisants.

Nous tenions tous nos armes prêtes
A cause des pièges du soir ;
Le croissant brillait sur nos têtes.
Et nous, pensifs, nous croyions voir,

Tout en cheminant dans la plaine
Vers Pampelune et Teruel,
Le hausse-col du capitaine
Qui reparaissait dans le ciel.

V

L'ASCENSION HUMAINE

Tandis qu'au loin des nuées,
Qui semblent des paradis,
Dans le bleu sont remuées,
Je t'écoute, et tu me dis :

« Quelle idée as-tu de l'homme,
« De croire qu'il aide Dieu ?
« L'homme est-il donc l'économe
« De l'eau, de l'air et du feu ?

« Est-ce que, dans son armoire,
« Tu l'aurais vu de tes yeux
« Serrer les rouleaux de moire
« Que l'aube déploie aux cieux ?

« Est-ce lui qui gonfle et ride
« La vague, et lui dit : Assez !
« Est-ce lui qui tient la bride
« Des éléments hérissés ?

« Sait-il le secret de l'herbe ?
« Parle-t-il au nid vivant ?
« Met-il sa note superbe
« Dans le noir clairon du vent ?

« La marée âpre et sonore
« Craint-elle son éperon ?
« Connaît-il le météore ?
« Comprend-il le moucheron ?

« L'homme aider Dieu ! lui, ce songe,
« Ce spectre en fuite et tremblant !
« Est-ce grâce à son éponge
« Que le cygne reste blanc ?

« Le fait veut, l'homme acquiesce.
« Je ne vois pas que sa main
« Découpe à l'emporte-pièce
« Les pétales du jasmin.

« Donne-t-il l'odeur aux sauges,
« Parce qu'il sait faire un trou
« Pour mêler le grès des Vosges
« Au salpêtre du Pérou[1] ?

« Règle-t-il l'onde et la brise,
« Parce qu'il disséquera
« De l'argile qu'il a prise
« Près de Rio-Madera[2] ?

« Ote Dieu ; puis imagine,
« Essaie, invente ; épaissis
« L'idéal subtil d'Egine[3]
« Par les dogmes d'Eleusis ;

« Soude Orphée à Lamettrie ;
« Joins, pour ne pas être à court,
« L'école d'Alexandrie
« A l'école d'Edimbourg ;

« Va du conclave au concile,
« D'Anaximandre à Destutt ;
« Dans quelque cuve fossile
« Exprime tout l'institut ;

« Démaillote la momie ;
« Presse Œdipe et Montyon ;
« Mets en pleine académie
« Le sphinx à la question ;

« Fouille le doute et la grâce ;
« Amalgame en ton guano
« A la Sybaris d'Horace
« Les Chartreux de saint Bruno ;

« Combine Genève et Rome ;
« Fais mettre par ton fermier
« Toutes les vertus de l'homme
« Dans une fosse à fumier ;

« Travaille avec patience
« En puisant au monde entier ;
« Prends pour pilon la science
« Et l'abîme pour mortier ;

« Va, forge ! je te défie
« De faire de ton savoir
« Et de ta philosophie
« Sortir un grain de blé noir !

« Dieu, de sa droite, étreint, fauche,
« Sème, et tout est rajeuni ;
« L'homme n'est qu'une main gauche
« Tâtonnant dans l'infini.

« Aux heures mystérieuses,
« Quand l'eau se change en miroir,
« Rôdes-tu sous les yeuses,
« L'esprit plongé dans le soir ?

« Te dis-tu : — Qu'est-ce que l'homme ? —
« Sonde, ami, sa nullité ;
« Cherche, de quel chiffre, en somme,
« Il accroît l'éternité !

« L'homme est vain. Pourquoi, poète,
« Ne pas le voir tel qu'il est,
« Dans le sépulcre squelette,
« Et sur la terre valet !

« L'homme est nu, stérile, blême,
« Plus frêle qu'un passereau ;
« C'est le puits du néant même
« Qui s'ouvre dans ce zéro.

« Va, Dieu crée et développe
« Un lion très réussi,
« Un bélier, une antilope,
« Sans le concours de Poissy[4].

« Il fait l'aile de la mouche
« Du doigt dont il façonna
« L'immense taureau farouche
« De la Sierra Morena ;

« Et dans l'herbe et la rosée
« Sa génisse au fier sabot
« Règne, et n'est point éclipsée
« Par la vache Sarlabot[5].

« Oui, la graine dans l'espace
« Vole à travers le brouillard,
« Et de toi le vent se passe,
« Semoir Jacquet-Robillard !

« Ce laboureur, la tempête,
« N'a pas, dans les gouffres noirs,
« Besoin que Grignon[6] lui prête
« Sa charrue à trois versoirs.

« Germinal, dans l'atmosphère,
« Soufflant sur les prés fleuris,
« Sait encor mieux son affaire
« Qu'un maraîcher de Paris.

« Quand Dieu veut teindre de flamme
« Le scarabée ou la fleur,
« Je ne vois point qu'il réclame
« La lampe de l'émailleur.

« L'homme peut se croire prêtre,
« L'homme peut se dire roi,
« Je lui laisse son peut-être,
« Mais je doute, quant à moi,

« Que Dieu, qui met mon image
« Au lac où je prends mon bain,
« Fasse faire l'étamage
« Des étangs, à Saint-Gobain[7].

« Quand Dieu pose sur l'eau sombre
« L'arc-en-ciel comme un siphon,
« Quand au tourbillon plein d'ombre
« Il attelle le typhon,

« Quand il maintient d'âge en âge
« L'hiver, l'été, mai vermeil,
« Janvier triste, et l'engrenage
« De l'astre autour du soleil,

« Quand les zodiaques roulent,
« Amarrés solidement,
« Sans que jamais elles croulent,
« Aux poutres du firmament,

« Quand tournent, rentrent et sortent
« Ces effrayants cabestans
« Dont les extrémités portent
« Le ciel, les saisons, le temps ;

« Pour combiner ces rouages
« Précis comme l'absolu,
« Pour que l'urne des nuages
« Bascule au moment voulu,

« Pour que la planète passe,
« Tel jour, au point indiqué,
« Pour que la mer ne s'amasse
« Que jusqu'à l'ourlet du quai,

« Pour que jamais la comète
« Ne rencontre un univers,
« Pour que l'essaim sur l'Hymète
« Trouve en juin les lys ouverts,

« Pour que jamais, quand approche
« L'heure obscure où l'azur luit,
« Une étoile ne s'accroche
« A quelque angle de la nuit,

« Pour que jamais les effluves,
« Les forces, le gaz, l'aimant,
« Ne manquent aux vastes cuves
« De l'éternel mouvement,

« Pour régler ce jeu sublime,
« Cet équilibre béni,
« Ces balancements d'abîme,
« Ces écluses d'infini,

« Pour que, courbée ou grandie,
« L'œuvre marche sans un pli,
« Je crois peu qu'il étudie
« La machine de Marly[8] ! »

Ton ironie est amère,
Mais elle se trompe, ami.
Dieu compte avec l'éphémère,
Et s'appuie à la fourmi.

Dieu n'a rien fait d'inutile.
La terre, hymne où rien n'est vain,
Chante, et l'homme est le dactyle
De l'hexamètre divin.

L'homme et Dieu sont parallèles :
Dieu créant, l'homme inventant.
Dieu donne à l'homme ses ailes.
L'éternité fait l'instant.

L'homme est son auxiliaire
Pour le bien et la vertu.
L'arbre est Dieu, l'homme est le lierre ;
Dieu de l'homme s'est vêtu.

Dieu s'en sert, donc il s'en aide.
L'astre apparaît dans l'éclair ;
Zeus est dans Archimède,
Et Jéhovah dans Képler.

Jusqu'à ce que l'homme meure,
Il va toujours en avant.
Sa pensée a pour demeure
L'immense idéal vivant.

Dans tout génie il s'incarne ;
Le monde est sous son orteil ;
Et s'il n'a qu'une lucarne,
Il y pose le soleil.

Aux terreurs inabordable,
Coupant tous les fatals nœuds,
L'homme marche formidable,
Tranquille et vertigineux.

De limon il se fait lave,
Et colosse d'embryon ;
Epictète était esclave,
Molière était histrion,

Esope était saltimbanque,
Qu'importe ! — il n'est arrêté
Que lorsque le pied lui manque
Au bord de l'éternité.

L'homme n'est pas autre chose
Que le prête-nom de Dieu.
Quoi qu'il fasse, il sent la cause
Impénétrable, au milieu.

Phidias cisèle Athènes ;
Michel-Ange est surhumain ;
Cyrus, Rhamsès[9], capitaines,
Ont une flamme à la main ;

Euclide trouve le mètre,
Le rythme sort d'Amphion ;
Jésus-Christ vient tout soumettre,
Même le glaive, au rayon ;

Brutus fait la délivrance ;
Platon fait la liberté ;
Jeanne d'Arc sacre la France
Avec sa virginité ;

Dans le bloc des erreurs noires
Voltaire enfonce ses coins ;
Luther brise les mâchoires
De Rome entre ses deux poings ;

Dante ouvre l'ombre et l'anime ;
Colomb fend l'océan bleu... —
C'est Dieu sous un pseudonyme,
C'est Dieu masqué, mais c'est Dieu.

L'homme est le fanal du monde.
Ce puissant esprit banni
Jette une lueur profonde
Jusqu'au seuil de l'infini.

Cent carrefours se partagent
Ce chercheur sans point d'appui ;
Tous les problèmes étagent
Leurs sombres voûtes sur lui.

Il dissipe les ténèbres ;
Il montre dans le lointain
Les promontoires funèbres
De l'abîme et du destin.

Il fait voir les vagues marches
Du sépulcre, et sa clarté
Blanchit les premières arches
Du pont de l'éternité.

Sous l'effrayante caverne
Il rayonne, et l'horreur fuit.
Quelqu'un tient cette lanterne ;
Mais elle t'éclaire, ô nuit !

Le progrès est en litige
Entre l'homme et Jéhovah ;
La greffe ajoute à la tige ;
Dieu cacha, l'homme trouva.

De quelque nom qu'on la nomme,
La science au vaste vœu
Occupe le pied de l'homme
A faire les pas de Dieu.

La mer tient l'homme et l'isole,
Et l'égare loin du port ;
Par le doigt de la boussole
Il se fait montrer le nord.

Dans sa morne casemate,
Penn[10] rend ce damné meilleur ;
Jenner dit : Va-t'en, stigmate !
Jackson dit : Va-t'en, douleur !

Dieu fait l'épi, nous la gerbe ;
Il est grand, l'homme est fécond ;
Dieu créa le premier verbe
Et Gutenberg le second.

La pesanteur, la distance,
Contre l'homme aux luttes prêt,
Prononcent une sentence ;
Montgolfier casse l'arrêt.

Tous les anciens maux tenaces,
Hurlant sous le ciel profond,
Ne sont plus que des menaces
De fantômes qui s'en vont.

Le tonnerre au bruit difforme
Gronde... — on raille sans péril
La marionnette énorme
Que Franklin tient par un fil[11].

Nemrod[12] était une bête
Chassant aux hommes, parmi
La démence et la tempête
De l'ancien monde ennemi.

Dracon était un cerbère
Qui grince encor sous le ciel
Avec trois têtes : Tibère,
Caïphe et Machiavel.

Nemrod s'appelait la Force,
Dracon s'appelait la Loi ;
On les sentait sous l'écorce
Du vieux prêtre et du vieux roi.

Tous deux sont morts. Plus de haines !
Oh ! ce fut un puissant bruit
Quand se rompirent les chaînes
Qui liaient l'homme à la nuit !

L'homme est l'appareil austère
Du progrès mystérieux ;
Dieu fait par l'homme sur terre
Ce qu'il fait par l'ange aux cieux.

Dieu sur tous les êtres pose
Son reflet prodigieux,
Créant le bien par la chose,
Créant par l'homme le mieux.

La nature était terrible,
Sans pitié, presque sans jour ;
L'homme la vanne en son crible,
Et n'y laisse que l'amour.

Toutes sortes de lois sombres
Semblaient sortir du destin ;
Le mal heurtait aux décombres
Le pied de l'homme incertain.

Pendant qu'à travers l'espace
Elle roule en hésitant,
Un flot de ténèbres passe
Sur la terre à chaque instant ;

Mais des foyers y flamboient,
Tout s'éclaircit, on le sent,
Et déjà les anges voient
Ce noir globe blanchissant.

Sous l'urne des jours sans nombre
Depuis qu'il suit son chemin,
La décroissance de l'ombre
Vient des yeux du genre humain.

L'autel n'ose plus proscrire ;
La misère est morte enfin ;
Pain à tous ! on voit sourire
Les sombres dents de la faim.

L'erreur tombe ; on l'évacue ;
Les dogmes sont muselés ;
La guerre est une vaincue ;
Joie aux fleurs et paix aux blés !

L'ignorance est terrassée ;
Ce monstre, à demi dormant,
Avait la nuit pour pensée
Et pour voix le bégaiement.

Oui, voici qu'enfin recule
L'affreux groupe des fléaux !
L'homme est l'invincible hercule,
Le balayeur du chaos.

Sa massue est la justice,
Sa colère est la bonté.
Le ciel s'appuie au solstice
Et l'homme à la volonté.

Il veut. Tout cède et tout plie.
Il construit quand il détruit ;
Et sa science est remplie
Des lumières de la nuit.

Il enchaîne les désastres,
Il tord la rébellion,
Il est sublime ; et les astres
Sont sur sa peau de lion.

VI

LE GRAND SIÈCLE

Ce siècle a la forme
D'un monstrueux char.
Sa croissance énorme
Sous un nain césar,

Son air de prodige,
Sa gloire qui ment,
Mêlent le vertige
A l'écrasement.

Louvois pour ministre,
Scarron pour griffon,
C'est un chant sinistre
Sur un air bouffon.

Sur sa double roue
Le grand char descend ;
L'une est dans la boue,
L'autre est dans le sang.

La Mort au carrosse
Attelle, — où va-t-il ? —
Lavrillière[1] atroce,
Roquelaure vil.

Comme un geai dans l'arbre,
Le roi s'y tient fier ;
Son cœur est de marbre,
Son ventre est de chair.

On a, pour sa nuque
Et son front vermeil,
Fait une perruque
Avec le soleil.

Il règne et végète,
Effrayant zéro
Sur qui se projette
L'ombre du bourreau.

Ce trône est la tombe ;
Et sur le pavé
Quelque chose en tombe
Qu'on n'a point lavé.

VII

ÉGALITÉ

Dans un grand jardin en cinq actes,
Conforme aux préceptes du goût,
Où les branches étaient exactes,
Où les fleurs se tenaient debout,

Quelques clématites sauvages
Poussaient, pauvres bourgeons pensifs,
Parmi les nobles esclavages
Des buis, des myrtes et des ifs.

Tout près, croissait, sur la terrasse
Pleine de dieux bien copiés,
Un rosier de si grande race
Qu'il avait du marbre à ses pieds.

La rose sur les clématites
Fixait ce regard un peu sec
Que Rachel[1] jette à ces petites
Qui font le chœur du drame grec.

Ces fleurs, tremblantes et pendantes,
Dont Zéphyre tenait le fil,
Avaient des airs de confidentes
Autour de la reine d'avril.

La haie, où s'ouvraient leurs calices
Et d'où sortaient ces humbles fleurs,
Ecoutait du bord des coulisses
Le rire des bouvreuils siffleurs.

Parmi les brises murmurantes
Elle n'osait lever le front ;
Cette mère de figurantes
Etait un peu honteuse au fond.

Et je m'écriai : — Fleurs éparses
Près de la rose en ce beau lieu,
Non, vous n'êtes pas les comparses
Du grand théâtre du bon Dieu.

Tout est de Dieu l'œuvre visible.
La rose, en ce drame fécond,
Dit le premier vers, c'est possible,
Mais le bleuet dit le second.

Les esprits vrais, que l'aube arrose,
Ne donnent point dans ce travers
Que les campagnes sont en prose
Et que les jardins sont en vers.

Avril dans les ronces se vautre,
Le faux art que l'ennui couva
Lâche le critique Lenôtre[2]
Sur le poète Jéhovah.

Mais cela ne fait pas grand-chose
A l'immense sérénité,
Au ciel, au calme grandiose
Du philosophe et de l'été.

Qu'importe ! croissez, fleurs vermeilles !
Sœurs, couvrez la terre aux flancs bruns,
L'hésitation des abeilles
Dit l'égalité des parfums.

Croissez, plantes, tiges sans nombre !
Du verbe vous êtes les mots.
Les immenses frissons de l'ombre
Ont besoin de tous vos rameaux.

Laissez, broussailles étoilées,
Bougonner le vieux goût boudeur ;
Croissez, et sentez-vous mêlées
A l'inexprimable grandeur !

Rien n'est haut et rien n'est infime.
Une goutte d'eau pèse un ciel ;
Et le mont Blanc n'a pas de cime
Sous le pouce de l'Eternel.

Toute fleur est un premier rôle ;
Un ver peut être une clarté ;
L'homme et l'astre ont le même pôle ;
L'infini, c'est l'égalité.

L'incommensurable harmonie,
Si tout n'avait pas sa beauté,
Serait insultée et punie
Dans tout être déshérité.

Dieu, dont les cieux sont les pilastres,
Dans son grand regard jamais las
Confond l'éternité des astres
Avec la saison des lilas.

Les prés, où chantent les cigales,
Et l'Ombre ont le même cadran.
O fleurs, vous êtes les égales
Du formidable Aldébaran.

L'intervalle n'est qu'apparence.
O bouton d'or tremblant d'émoi,
Dieu ne fait pas de différence
Entre le zodiaque et toi.

L'être insondable est sans frontière.
Il est juste, étant l'unité.
La création tout entière
Attendrit sa paternité.

Dieu, qui fit le souffle et la roche,
Œil de feu qui voit nos combats,
Oreille d'ombre qui s'approche
De tous les murmures d'en bas,

Dieu, le père qui mit des fêtes
Dans les éthers, dans les sillons,
Qui fit pour l'azur les comètes
Et pour l'herbe les papillons,

Et qui veut qu'une âme accompagne
Les êtres de son flanc sortis,
Que l'éclair vole à la montagne
Et la mouche au myosotis,

Dieu, parmi les mondes en fuite,
Sourit, dans les gouffres du jour,
Quand une fleur toute petite
Lui conte son premier amour.

VIII

LA MÉRIDIENNE DU LION

Le lion dort, seul sous sa voûte.
Il dort de ce puissant sommeil
De la sieste, auquel s'ajoute,
Comme un poids sombre, le soleil.

Les déserts, qui de loin écoutent,
Respirent ; le maître est rentré.
Car les solitudes redoutent
Ce promeneur démesuré.

Son souffle soulève son ventre ;
Son œil de brume est submergé,
Il dort sur le pavé de l'antre,
Formidablement allongé.

La paix est sur son grand visage,
Et l'oubli même, car il dort.
Il a l'altier sourcil du sage
Et l'ongle tranquille du fort.

Midi sèche l'eau des citernes ;
Rien du sommeil ne le distrait ;
Sa gueule ressemble aux cavernes,
Et sa crinière à la forêt.

Il entrevoit des monts difformes,
Des Ossas et des Pélions,
A travers les songes énormes
Que peuvent faire les lions.

Tout se tait sur la roche plate
Où ses pas tout à l'heure erraient.
S'il remuait sa grosse patte,
Que de mouches s'envoleraient !

IV

Nivôse

I

— Va-t'en, me dit la bise,
C'est mon tour de chanter. —
Et, tremblante, surprise,
N'osant pas résister,

Fort décontenancée
Devant un Quos ego[1],
Ma chanson est chassée
Par cette virago.

Pluie. On me congédie
Partout, sur tous les tons.
Fin de la comédie.
Hirondelles, partons.

Grêle et vent. La ramée
Tord ses bras rabougris ;
Là-bas fuit la fumée,
Blanche sur le ciel gris.

Une pâle dorure
Jaunit les coteaux froids.
Le trou de ma serrure
Me souffle sur les doigts.

II

PENDANT UNE MALADIE

On dit que je suis fort malade,
Ami ; j'ai déjà l'œil terni ;
Je sens la sinistre accolade
Du squelette de l'infini.

Sitôt levé, je me recouche ;
Et je suis comme si j'avais
De la terre au fond de la bouche ;
Je trouve le souffle mauvais.

Comme une voile entrant au havre,
Je frissonne ; mes pas sont lents,
J'ai froid ; la forme du cadavre,
Morne, apparaît sous mes draps blancs.

Mes mains sont en vain réchauffées ;
Ma chair comme la neige fond ;
Je sens sur mon front des bouffées
De quelque chose de profond.

Est-ce le vent de l'ombre obscure ?
Ce vent qui sur Jésus passa !
Est-ce le grand Rien d'Epicure,
Ou le grand Tout de Spinosa ?

Les médecins s'en vont moroses ;
On parle bas autour de moi,
Et tout penche, et même les choses
Ont l'attitude de l'effroi.

Perdu ! voilà ce qu'on murmure.
Tout mon corps vacille, et je sens
Se déclouer la sombre armure
De ma raison et de mes sens.

Je vois l'immense instant suprême
Dans les ténèbres arriver.
L'astre pâle au fond du ciel blême
Dessine son vague lever.

L'heure réelle, ou décevante,
Dresse son front mystérieux.
Ne crois pas que je m'épouvante ;
J'ai toujours été curieux.

Mon âme se change en prunelle ;
Ma raison sonde Dieu voilé ;
Je tâte la porte éternelle,
Et j'essaie à la nuit ma clé.

C'est Dieu que le fossoyeur creuse ;
Mourir, c'est l'heure de savoir ;
Je dis à la mort : Vieille ouvreuse,
Je viens voir le spectacle noir.

III

À UN AMI

Sur l'effrayante falaise,
Mur par la vague entrouvert,
Roc sombre où fleurit à l'aise
Un charmant petit pré vert,

Ami, puisque tu me laisses
Ta maison loin des vivants
Entre ces deux allégresses,
Les grands flots et les grands vents,

Salut ! merci ! les fortunes
Sont fragiles, et nos temps,
Comme l'algue sous les dunes,
Sont dans l'abîme, et flottants.

Nos âmes sont des nuées
Qu'un vent pousse, âpre ou béni,
Et qui volent, dénouées,
Du côté de l'infini.

L'énorme bourrasque humaine,
Dont l'étoile est la raison,
Prend, quitte, emporte et ramène
L'espérance à l'horizon.

Cette grande onde inquiète
Dont notre siècle est meurtri
Écume et gronde, et me jette
Parfois mon nom dans un cri.

La haine sur moi s'arrête.
Ma pensée est dans ce bruit
Comme un oiseau de tempête
Parmi des oiseaux de nuit.

Pendant qu'ici je cultive
Ton champ comme tu le veux,
Dans maint journal l'invective
Grince et me prend aux cheveux.

La diatribe m'écharpe ;
Je suis âne ou scélérat ;
Je suis Pradon pour Laharpe,
Et pour de Maistre Marat[1].

Qu'importe ! les cœurs sont ivres.
Les temps qui viennent feront
Ce qu'ils pourront de mes livres
Et de moi ce qu'ils voudront.

J'ai pour joie et pour merveille
De voir, dans ton pré d'Honfleur,
Trembler au poids d'une abeille
Un brin de lavande en fleur.

IV

CLÔTURE

A mon ami* * * *

I

LA SAINTE CHAPELLE

Tu sais ? tu connais ma chapelle,
C'est la maison des passereaux.
L'abeille aux offices m'appelle
En bourdonnant dans les sureaux.

Là, mon cœur prend sa nourriture.
Dans ma stalle je vais m'asseoir.
Oh ! quel bénitier, la nature !
Quel cierge, l'étoile du soir !

Là, je vais prier ; je m'enivre
De l'idéal dans le réel ;
La fleur, c'est l'âme ; et je sens vivre,
A travers la terre, le ciel.

Et la rosée est mon baptême.
Et le vrai m'apparaît ! je crois.
Je dis : viens ! à celle que j'aime.
Elle, moi, Dieu, nous sommes trois.

(Car j'ai dans des bribes latines
Lu que Dieu veut le nombre impair.)
Je vais chez l'aurore à matines,
Je vais à vêpres chez Vesper.

La religion naturelle
M'ouvre son livre où Job lisait,
Où luit l'astre, où la sauterelle
Saute de verset en verset.

C'est le seul temple. Tout l'anime.
Je veux Christ ; un rayon descend ;
Et si je demande un minime,
L'infusoire me dit : Présent.

La lumière est la sainte hostie ;
Le lévite est le lys vermeil ;
Là, resplendit l'eucharistie
Qu'on appelle aussi le soleil.

La bouche de la primevère
S'ouvre, et reçoit le saint rayon ;
Je regarde la rose faire
Sa première communion.

II

AMOUR DE L'EAU

Je récite mon bréviaire
Dans les champs, et j'ai pour souffleur
Tantôt le jonc sur la rivière,
Tantôt la mouche dans la fleur.

Le poète aux torrents se plonge ;
Il aime un roc des vents battu ;
Ce qui coule ressemble au songe,
Et ce qui lave à la vertu.

Pas de ruisseau qui, sur sa rive
Où l'air jase, où germinal rit,
N'attire un bouvreuil, une grive,
Un merle, un poète, un esprit.

Le poète, assis sous l'yeuse,
Dans les fleurs, comme en un sérail,
Aime l'eau, cette paresseuse
Qui fait un si profond travail.

Que ce soit l'Erdre ou la Durance,
Pourvu que le flot soit flâneur,
Il se donne la transparence
D'une rivière pour bonheur.

Elle erre ; on dirait qu'elle écoute ;
Recevant de tout un tribut,
Oubliant comme lui sa route,
Et, comme lui, sachant son but.

Et sur sa berge il mène en laisse
Ode, roman, ou fabliau.
George Sand a la Gargilesse
Comme Horace avait l'Anio.

III

LE POÈTE EST UN RICHE

Nous avons des bonnes fortunes
Avec le bleuet dans les blés ;
Les halliers pleins de pâles lunes
Sont nos appartements meublés.

Nous y trouvons sous la ramée,
Où chante un pinson, gai marmot,
De l'eau, du vent, de la fumée,
Tout le nécessaire, en un mot.

Nous ne produirions rien qui vaille
Sans l'ormeau, le frêne et le houx ;
L'air nous aide ; et l'oiseau travaille
A nos poèmes avec nous.

Le pluvier, le geai, la colombe,
Nous accueillent dans le buisson,
Et plus d'un brin de mousse tombe
De leur nid dans notre chanson.

Nous habitons chez les pervenches
Des chambres de fleurs, à crédit ;
Quand la fougère a, sous les branches,
Une idée, elle nous la dit.

L'autan, l'azur, le rameau frêle,
Nous conseillent sur les hauteurs,
Et jamais on n'a de querelle
Avec ces collaborateurs.

Nous trouvons dans les eaux courantes
Maint hémistiche, et les lacs verts,
Les prés généreux, font des rentes
De rimes à nos pauvres vers.

Mon patrimoine est la chimère,
Sillon riche, ayant pour engrais
Les vérités, d'où vient Homère,
Et les songes, d'où sort Segrais.

Le poète est propriétaire
Des rayons, des parfums, des voix ;
C'est à ce songeur solitaire
Qu'appartient l'écho dans les bois.

Il est, dans le bleu, dans le rose,
Millionnaire, étant joyeux ;
L'illusion étant la chose
Que l'homme possède le mieux.

C'est pour lui qu'un ver luisant rampe ;
C'est pour lui que, sous le bouleau,
Le cheval de halage trempe
Par moments sa corde dans l'eau.

Sous la futaie où l'herbe est haute,
Il est le maître du logis
Autant que l'écureuil qui saute
Dans les pins par l'aube rougis.

Avec ses stances, il achète
Au bon Dieu le nuage noir,
L'astre, et le bruit de la clochette
Mêlée aux feuillages le soir.

Il achète le feu de forge,
L'écume des écueils grondants,
Le cou gonflé du rouge-gorge
Et les hymnes qui sont dedans.

Il achète le vent qui râle,
Les lichens du cloître détruit,
Et l'effraction sépulcrale
Du vitrail par l'oiseau de nuit,

Et l'espace où les souffles errent,
Et, quand hurlent les chiens méchants,
L'effroi des moutons qui se serrent
L'un contre l'autre dans les champs.

Il achète la roue obscure
Du char des songes dans l'horreur
Du ciel sombre, où rit Epicure
Et dont Horace est le doreur.

Il achète les rocs incultes,
Le mont chauve, et la quantité
D'infini qui sort des tumultes
D'un vaste branchage agité.

Il achète tous ces murmures,
Tout ce rêve, et, dans les taillis,
L'écrasement des fraises mûres
Sous les pieds nus d'Amaryllis[1].

Il achète un cri d'alouette,
Les diamants de l'arrosoir,
L'herbe, l'ombre, et la silhouette
Des danses autour du pressoir.

Jadis la naïade à Boccace
Vendait le reflet d'un étang,
Glaïeuls, roseaux, héron, bécasse,
Pour un sonnet, payé comptant.

Le poète est une hirondelle
Qui sort des eaux, que l'air attend,
Qui laisse parfois de son aile
Tomber des larmes en chantant.

L'or du genêt, l'or de la gerbe,
Sont à lui ; le monde est son champ ;
Il est le possesseur superbe
De tous les haillons du couchant.

Le soir, quand luit la brume informe,
Quand les brises dans les clartés
Balancent une pourpre énorme
De nuages déchiquetés,

Quand les heures font leur descente
Dans la nue où le jour passa,
Il voit la strophe éblouissante
Pendre à ce Décroche-moi-ça.

Maïa pour lui n'est pas défunte ;
Dans son vers, de pluie imbibé,
Il met la prairie ; il emprunte
Souvent de l'argent à Phœbé.

Pour lui le vieux saule se creuse.
Il a tout, aimer, croire et voir.
Dans son âme mystérieuse
Il agite un vague encensoir.

IV

NOTRE ANCIENNE DISPUTE

Te souviens-tu qu'en l'âge tendre
Où tu n'étais qu'un citadin,
Tu me raillais toujours de prendre
La nature pour mon jardin ?

Un jour, tu t'armas d'un air rogue,
Et moi d'accents très convaincus,
Et nous eûmes ce dialogue,
Alterné, comme dans Moschus :

TOI

« Si tu fais ce qu'on te conseille,
« Tu n'iras point dans ce vallon
« Affronter l'aigreur de l'oseille
« Et l'épigramme du frelon.

MOI

« J'irai.

TOI

La nature est morose
« Souvent, pour l'homme fourvoyé.
« Si l'on est baisé par la rose,
« Par l'épine on est tutoyé.

MOI

« Soit.

TOI

Paris à l'homme est propice.
« Perlet[2] joue au Gymnase, vois,
« Ravignan prêche à Saint-Sulpice.

MOI

« Et la fauvette chante aux bois.

TOI

« Que viens-tu faire dans ces plaines ?
« On ne te connaît pas ici.
« Les bêtes parfois sont vilaines,
« L'herbe est parfois mauvaise ; ainsi

« Crois-moi, n'en franchis point la porte.
« On n'y sait pas ton nom.

MOI

Pardon !
« Vadius l'a dit au cloporte,
« Trissotin l'a dit au chardon.

TOI

« Reste dans la ville où nous sommes,
« Car les champs ne sont pas meilleurs.

MOI

« J'ai des ennemis chez les hommes,
« Je n'en ai point parmi les fleurs. »

V

CE JOUR-LÀ, TROUVAILLE DE L'ÉGLISE

Et ce même jour, jour insigne,
Je trouvai ce temple humble et grand
Dont Fénelon serait le cygne
Et Voltaire le moineau-franc.

Un moine, assis dans les coulisses,
Aux papillons, grands et petits,
Tâchait de vendre des calices
Que l'églantier donnait gratis.

Là, point d'orangers en livrée ;
Point de grenadiers alignés ;
Là, point d'ifs allant en soirée,
Pas de buis, par Boileau peignés.

Pas de lauriers dans des guérites ;
Mais, parmi les prés et les blés,
Les paysannes marguerites
Avec leurs bonnets étoilés.

Temple où les fronts se rassérènent,
Où se dissolvent les douleurs,
Où toutes les vérités prennent
La forme de toutes les fleurs !

C'est là qu'avril oppose au diable,
Au pape, aux enfers, aux satans,
Cet alléluia formidable,
L'éclat de rire du printemps.

Oh ! la vraie église divine !
Au fond de tout il faisait jour.
Une rose me dit : Devine.
Et je lui répondis : Amour.

VI

L'HIVER

L'autre mois pourtant, je dois dire
Que nous ne fûmes point reçus ;
L'église avait cessé de rire ;
Un brouillard sombre était dessus ;

Plus d'oiseaux, plus de scarabées ;
Et par des bourbiers, noirs fossés,
Par toutes les feuilles tombées,
Par tous les rameaux hérissés,

Par l'eau qui détrempait l'argile,
Nous trouvâmes barricadé
Ce temple qu'eût aimé Virgile
Et que n'eût point haï Vadé[3].

On était au premier novembre.
Un hibou, comme nous passions,
Nous cria du fond de sa chambre :
Fermé pour réparations.

AU CHEVAL

I

Monstre, à présent reprends ton vol.
Approche, que je te déboucle.
Je te lâche, ôte ton licol,
Rallume en tes yeux l'escarboucle.

Quitte ces fleurs, quitte ce pré.
Monstre, Tempé[1] n'est point Capoue.
Sur l'océan d'aube empourpré,
Parfois l'ouragan calmé joue.

Je t'ai quelque temps tenu là.
Fuis ! — Devant toi les étendues,
Que ton pied souvent viola,
Tremblent, et s'ouvrent, éperdues.

Redeviens ton maître, va-t'en !
Cabre-toi, piaffe, redéploie
Tes farouches ailes, titan,
Avec la fureur de la joie.

Retourne aux pâles profondeurs.
Sois indomptable, recommence

Vers l'idéal, loin des laideurs,
Loin des hommes, ta fuite immense.

Cheval, devance l'aquilon,
Toi, la raison et la folie,
L'échappé du bois d'Apollon,
Le dételé du char d'Elie !

Vole au-dessus de nos combats,
De nos succès, de nos désastres,
Et qu'on aperçoive d'en bas
Ta forme sombre sous les astres.

II

Mais il n'est plus d'astre aux sommets !
Hélas, la brume sur les faîtes
Rend plus lugubre que jamais
L'échevèlement des prophètes.

Toi, brave tout ! qu'au ciel terni
Ton caprice énorme voltige ;
Quadrupède de l'infini,
Plane, aventurier du vertige.

Fuis dans l'azur, noir ou vermeil.
Monstre, au galop, ventre aux nuages !
Tu ne connais ni le sommeil,
Ni le sépulcre, nos péages.

Sois plein d'un implacable amour.
Il est nuit. Qu'importe. Nuit noire.

Tant mieux, on y fera le jour.
Pars, tremblant d'un frisson de gloire !

Sans frein, sans trêve, sans flambeau,
Cherchant les cieux hors de l'étable,
Vers le vrai, le juste et le beau,
Reprends ta course épouvantable.

III

Reprends ta course sans pitié,
Si terrible et si débordée
Que Néron se sent châtié
Rien que pour l'avoir regardée.

Va réveiller Démogorgon[2].
Sois l'espérance et l'effroi, venge,
Rassure et console, dragon
Par une aile, et par l'autre, archange.

Verse ton souffle auguste et chaud
Jusque sur les plus humbles têtes.
Porte des reproches là-haut,
Egal aux dieux, frère des bêtes.

Fuis, cours ! sois le monstre du bien,
Le cheval démon qui délivre !
Rebelle au despote, au lien,
De toutes les vérités ivre !

Quand vient le déclin d'un tyran,
Quand vient l'instant des lois meilleures,

Qu'au ciel sombre, éternel cadran,
Ton pied frappe ces grandes heures,

Donne à tout ce qui rampe en bas,
Au barde qui vend Calliope,
Au peuple voulant Barabbas,
A la religion myope,

Donne à quiconque ignore ou nuit,
Aux fausses gloires, aux faux zèles,
Aux multitudes dans la nuit,
L'éblouissement de tes ailes.

IV

Va ! pour vaincre et pour transformer,
Pour que l'homme se transfigure,
Qu'il te suffise de fermer
Et de rouvrir ton envergure.

Sois la bonté, sois le dédain ;
Qu'un incompréhensible Eole
Fasse parfois sortir soudain
Des foudres de ton auréole.

Ton poitrail resplendit, on croit
Que l'aube, aux tresses dénouées,
Le dore, et sur ta croupe on voit
Toutes les ombres des nuées.

Jette au peuple un hennissement,
A l'échafaud une ruade ;

Fais une brèche au firmament
Pour que l'esprit humain s'évade.

Soutiens le penseur, qui dément
L'autel, l'augure et la sibylle,
Et n'a pas d'autre adossement
Que la conscience immobile.

Plains les martyrs de maintenant,
Attendris ton regard sévère,
Et contemple, tout en planant,
Leur âpre montée au Calvaire.

v

Cours sans repos, pense aux donjons,
Pense aux murs hauts de cent coudées,
Franchis, sans brouter les bourgeons,
La forêt vierge des idées.

Ne t'attarde pas, même au beau.
S'il est traître ou froid, qu'il t'indigne.
La nuit ne fait que le corbeau,
La neige ne fait que le cygne,

Le soleil seul fait l'aigle. Va !
Le soleil au mal est hostile.
Quand l'œuf noir du chaos creva,
Il en sortit, beau, mais utile.

Immortel, protège l'instant.
L'homme a besoin de toi, te dis-je.

Précipite-toi, haletant,
A la poursuite du prodige.

Le prodige, c'est l'avenir ;
C'est la vie idéalisée,
Le ciel renonçant à punir,
L'univers fleur et Dieu rosée.

Plonge dans l'inconnu sans fond !
Cours, passe à travers les trouées !
Et, du vent que dans le ciel font
Tes vastes plumes secouées,

Tâche de renverser les tours,
Les geôles, les temples athées,
Et d'effaroucher les vautours
Tournoyant sur les Prométhées.

Vole, altier, rapide, insensé,
Droit à la cible aux cieux fixée,
Comme si je t'avais lancé,
Flèche, de l'arc de ma pensée.

VI

Pourtant sur ton dos garde-moi ;
Car tous mes songes font partie
De ta crinière, et je ne voi
Rien sur terre après ta sortie.

Je veux de telles unions
Avec toi, cheval météore,

Que, nous mêlant, nous parvenions
A ne plus être qu'un centaure.

Retourne aux problèmes profonds.
Brise Anankè[3], ce lourd couvercle
Sous qui, tristes, nous étouffons ;
Franchis la sphère, sors du cercle !

Quand, l'œil plein de vagues effrois,
Tu viens regarder l'invisible,
Avide et tremblant à la fois
D'entrer dans ce silence horrible,

La Nuit grince lugubrement ;
Le Mal, qu'aucuns rayons n'éclairent,
Fait en arrière un mouvement
Devant tes naseaux qui le flairent ;

La Mort, qu'importune un témoin,
S'étonne, et rentre aux ossuaires ;
On entrevoit partout au loin
La fuite obscure des suaires.

Tu ne peux, étant âme et foi,
Apparaître à l'horizon sombre
Sans qu'il se fasse autour de toi
Un recul de spectres dans l'ombre.

VII

Tout se tait dans l'affreux lointain
Vers qui l'homme effaré s'avance ;

L'oubli, la tombe, le destin,
Et la nuit, sont de connivence.

Dans le gouffre, piège muet,
D'où pas un conseil ne s'élance,
Déjoue, ô toi, grand inquiet,
La méchanceté du silence.

Tes pieds volants, tes yeux de lynx
Peuvent sonder tous les peut-êtres ;
Toi seul peux faire peur aux sphynx,
Et leur dire : Ah çà, parlez, traîtres !

D'en haut, jette à l'homme indécis
Tous les mots des énigmes louches.
Déchire la robe d'Isis[4].
Fais retirer les doigts des bouches.

Connaître, c'est là notre faim.
Toi, notre esprit, presse et réclame.
Que la matière avoue enfin,
Mise à la question par l'âme.

Et qu'on sache à quoi s'en tenir
Sur la quantité de souffrance
Dont il faut payer l'avenir,
Dût pleurer un peu l'espérance !

VIII

Sois le trouble-fête du mal.
Force le dessous à paraître.

Tire du sultan l'animal,
Du Dieu le nain, l'homme du prêtre.

Lutte. Aiguillon contre aiguillon !
La haine attaque, guette, veille ;
Elle est le sinistre frelon,
Mais n'es-tu pas la grande abeille !

Extermine l'obstacle épais,
L'antagonisme, la barrière.
Mets au service de la paix
La vérité, cette guerrière.

L'inquisition souriant
Rêve le glaive aidant la crosse ;
Pour qu'elle s'éveille en criant,
Mords jusqu'au sang l'erreur féroce.

IX

Si le passé se reconstruit
Dans toute son horreur première,
Si l'abîme fait de la nuit,
O cheval, fais de la lumière.

Tu n'as pas pour rien quatre fers.
Galope sur l'ombre insondable ;
Qu'un rejaillissement d'éclairs
Soit ton annonce formidable.

Traverse tout, enfers, tombeaux,
Précipices, néants, mensonges,

Et qu'on entende tes sabots
Sonner sur le plafond des songes.

Comme sur l'enclume un forgeur,
Sur les brumes universelles,
Abats-toi, fauve voyageur,
O puissant faiseur d'étincelles !

Sers les hommes en les fuyant.
Au-dessus de leurs fronts funèbres,
Si le zénith reste effrayant,
Si le ciel s'obstine aux ténèbres,

Si l'espace est une forêt,
S'il fait nuit comme dans les Bibles,
Si pas un rayon ne paraît,
Toi, de tes quatre pieds terribles,

Faisant subitement tout voir,
Malgré l'ombre, malgré les voiles,
Envoie à ce fatal ciel noir
Une éclaboussure d'étoiles.

DOSSIER

CHRONOLOGIE

1802 Naissance, le 26 février, de Victor-Marie Hugo, à Besançon.
      Son père, Léopold-Joseph-Sigisbert, 28 ans, est lorrain. Sa
      mère, Sophie Trébuchet, 29 ans, est nantaise.

1807 En décembre, Mme Hugo, accompagnée de ses trois enfants,
      va rejoindre son mari, le major Hugo (il sera bientôt colonel),
      près de Naples. Elle rentrera à Paris au début de 1809.

1808 Désaugiers : *Chansons et poésies diverses.*

1809-1811 Séjour aux Feuillantines.

1811 En mars, la famille Hugo se met en route pour rejoindre à
      Madrid le père, maintenant général et comte de Siguenza.
      Bayonne et l'Espagne font sur le petit Victor une vive impres-
      sion : son autobiographie fantasmatique s'en ressentira.

1812 Retour aux Feuillantines. A la suite du complot du général
      Malet, le général Lahorie, parrain de Victor et amant de
      Sophie, est fusillé.

1815 Enfermé à la pension Cordier, Victor Hugo commence un
      Cahier de vers français plein d'odes, de fables, de romances,
      de chansons et de traductions du latin (Martial, Horace et
      surtout Virgile).

1816 Alors que Béranger publie ses *Chansons morales et autres* et
      Désaugiers ses *Chansons et poésies fugitives*, alors que paraît
      la seconde édition de *La Clef du caveau* de Pierre Capelle
      (1772-1851), comprenant 1500 airs à chanter, Victor Hugo
      entame un cahier de *Poésies diverses* où les traductions de
      Virgile prennent la première place. Il écrit par ailleurs une
      tragédie : *Irtamène.*

1817 Victor Hugo envoie un poème au concours de poésie de l'Aca-
      démie française et obtient une mention. Ses *Essais* poétiques
      comportent odes, chansons, épîtres, élégies et, comme

toujours, des traductions, dont un « Priape » tiré d'Horace. *À quelque chose hasard est bon*, vaudeville.

1818   Fin des études secondaires. *Inez de Castro*, mélodrame. On y chante et on y danse.

1819   Victor Hugo termine son premier roman, *Bug Jargal*, et obtient deux récompenses au concours de l'Académie des Jeux floraux de Toulouse. En décembre, il fonde *Le Conservateur littéraire* (qui durera quinze mois).

1820   Victor Hugo reçoit de Louis XVIII une gratification et est élu Maître ès Jeux floraux.

1821   Mort de Mme Hugo. Béranger : *Chansons*. Le chansonnier sera condamné par les assises à 3 mois de prison et 500 francs d'amende.

1822   *Odes et poésies diverses*. Mariage avec Adèle Foucher (1803-1868), l'amie d'enfance que Mme Hugo avait écartée. Le couple vivra d'une pension royale de 1 000 francs. Abel Hugo : *Romances historiques traduites de l'espagnol*.

1823   *Han d'Islande*. La pension augmente. Hugo collabore à *La Muse française* que viennent de fonder ses amis Soumet, Guiraud et Deschamps. Naissance et mort d'un premier enfant, Léopold.

1824   *Nouvelles Odes*. Réunions à l'Arsenal, chez Charles Nodier. *La Muse française* disparaît, Louis XVIII meurt, Léopoldine Hugo naît.

1825   Nommé chevalier de la Légion d'honneur, Victor Hugo va au sacre de Charles X à Reims et voyage, avec Nodier, en Savoie. Béranger : *Chansons nouvelles*.

1826   *Bug Jargal* (nouvelle version) : on y chante, en espagnol. *Odes et Ballades*. Naissance de Charles Hugo.

1827   Sainte-Beuve (1804-1869) se glisse dans l'intimité du ménage Hugo. L'ode « À la colonne de la place Vendôme » marque un moment important dans l'évolution de Victor Hugo vers le libéralisme. Mort de Désaugiers, président du Caveau. Dans *Cromwell*, les bouffons chantent à plusieurs reprises, et fort agréablement.

1828   Mort du général Hugo et naissance de François-Victor, le futur traducteur de Shakespeare. Les *Chansons inédites* de Béranger lui valent neuf mois de prison et 10 000 francs d'amende. Une souscription publique paiera.

1829   *Les Orientales* contiennent une « Chanson de pirates » et un poème (« Vœu ») écrit dans le mètre prédominant des *Chansons des rues et des bois* (quatrains d'octosyllabes à rimes

croisées). Le protagoniste du *Dernier jour d'un condamné*
entend par la fenêtre une « horrible complainte » en argot.
Marion Delorme, écrite en quelques semaines, est acceptée au
Théâtre-Français et interdite. Victor Hugo refuse une nouvel-
le pension par laquelle le pouvoir cherchait à compenser les
pertes subies par l'auteur censuré.

1830 *Hernani*. Naissance d'une fille, Adèle. L'ode « À la jeune
France » marque le ralliement de Hugo au nouveau régime.

1831 *Notre-Dame de Paris*, roman considérable, où flottent par-ci
par-là des bribes de chansons. *Marion Delorme* est représen-
tée et publiée : Le Gracieux, comédien de la troupe ambulan-
te, y chante. *Les Feuilles d'automne*. Dans un poème de ce
recueil (XXXIX), Victor Hugo parle de ses « chansons
aimées » pour désigner, semble-t-il, sa production poétique
antérieure.

1833 *Lucrèce Borgia* : on chante chez la princesse Négroni, person-
nage épisodique incarné par Juliette Drouet alors âgée de
27 ans. C'est le début d'un amour qui durera cinquante ans.
On chante aussi dans *Marie Tudor*. Béranger : *Chansons
nouvelles et dernières*.

1834 *Littérature et philosophie mêlées. Claude Gueux*. Hugo
séjourne avec Juliette dans la vallée de la Bièvre, et voyage en
Bretagne.

1835 On joue *Angelo, tyran de Padoue* à la Comédie-Française.
Rodolfo y chante sur deux rythmes différents. *Les Chants du
crépuscule* contiennent une « Nouvelle chanson sur un vieil
air » et une « Autre chanson », ainsi qu'un poème (XXX)
dans la strophe des *Chansons des rues et des bois*. Hugo voya-
ge, avec Juliette, en Normandie. Le coiffeur Jasmin, surnom-
mé « le Béranger gascon », publie : *Las Papillotos*.

1836 Pendant l'été, Hugo voyage, avec Juliette, en Bretagne et en
Normandie. *La Esmeralda*, opéra de Louise Bertin, livret de
Hugo. *Poésies nationales de la Révolution française*, un
recueil complet des chants, hymnes, couplets, odes, chansons
patriotiques.

1837 Eugène Hugo, frère de Victor, meurt à l'asile de Charenton.
Les Voix intérieures : un long poème (« Dieu est toujours
là ») est en quatrains d'octosyllabes. Voyage, avec Juliette, en
Belgique et en Normandie.

1838 Victor Hugo passe, avec Juliette, quelques jours en Champa-
gne. *Ruy Blas* inaugure le Théâtre de la Renaissance.

1839 Hugo commence et abandonne un drame, *Les Jumeaux*. Au deuxième acte, on y chante au son du luth. Hugo voyage en Alsace, en Suisse et en Provence.

1840 *Les Rayons et les Ombres* contient six poèmes en quatrains d'octosyllabes, deux chansons (« Guitare » et « Autre guitare ») et plusieurs poèmes pouvant être considérés comme des chansons. Voyage en pays rhénan de la fin août au début de novembre. À Mayence, il entend chanter sous sa fenêtre une chanson de Béranger. Transfert des cendres de Napoléon aux Invalides. *Le Retour de l'Empereur*.

1841 Victor Hugo est enfin élu et reçu à l'Académie. Olinde Rodrigues : *Poésies sociales des ouvriers*.

1843 Léopoldine épouse Charles Vacquerie. *Les Burgraves*, trilogie où l'on chante à l'ouverture du rideau. Voyage en Espagne et dans les Pyrénées. Sur la route du retour, Hugo apprend par un journal la mort de sa fille et de son gendre le 4 septembre, à Villequier.

1844 Savinien Lapointe (1811-1893), cordonnier poète encouragé par tout le Gotha des lettres, publie *Une voix d'en bas*. Il sera, le moment venu, un fidèle de l'Empereur, troisième du nom. Charles Poncy : *Le Chantier. Poésies nouvelles*. George Sand écrit pour cet ouvrier maçon une importante préface.

1845 Victor Hugo est nommé pair de France. Ses amours clandestines avec Léonie Biard sont rendues publiques par un commissaire de police, instrumentant sur réquisition du mari. Hugo commence *Les Misères* qui deviendront *Les Misérables*. Le ministre Salvandy institue une commission des chants religieux et historiques de la France sous la direction d'Émile Souvestre. La révolution de 1848 interrompra cet effort en faveur de la poésie populaire.

1846 Mort de Claire Pradier, la fille de Juliette. Hugo intervient un certain nombre de fois devant la Chambre des pairs. Dumerson : *Chants et chansons populaires de la France*. Banville : *Les Stalactites*. Hugo écrit un certain nombre de « chansons » qui paraîtront dans *Les Contemplations* ou dans des recueils posthumes comme *Toute la lyre*.

1847 En avril, Hugo écrit la « Chanson des deux Barbares ». Ce sont des strophes de cinq vers de cinq syllabes. Il écrit coup sur coup deux autres « chansons », une dans le même mètre, l'autre en quatrains.

1848 Hugo, qui a soutenu jusqu'au bout les Orléans, est élu à l'Assemblée constituante. Il participe à la fondation de *L'Événement* qui soutient la candidature de Louis-Napoléon Bonaparte à la présidence de la République. Le titre *Les Contemplations* apparaît dans une liste de projets, ainsi que *Les Petites Épopées* et *La Poésie de la rue*. Eugène Pottier (1816-1887) : *Chansons de l'atelier*.

1849 Rupture avec la droite. Gustave Nadaud (1820-1892) : *Recueil de chansons*. Henri Murger : *Scènes de la vie de bohème*.

1850 Discours contre la loi Falloux sur la liberté de l'enseignement. Discours sur le suffrage universel, sur la liberté de la presse. Savinien Lapointe : *Les Échos de la rue*.

1851 Le coup d'État du 2 décembre trouve Hugo au premier rang de la résistance parlementaire. Il doit se réfugier en Belgique. Pierre Dupont (1821-1870) : *Chants et chansons*.

1852 *Napoléon-le-Petit*. Victor Hugo quitte Bruxelles pour Jersey et commence à travailler à *Châtiments*. Gautier : *Émaux et Camées*. Reprise, par Fortoul, du projet de Salvandy. Une commission comprenant, entre autres, Ampère, Sainte-Beuve, Nisard et Mérimée devra préparer la publication d'un *Recueil des poésies populaires de la France*.

1853 *Châtiments* (13 chansons et 4 poèmes en quatrains de vers courts). Début des séances de tables parlantes.

1854 Hugo travaille à *La Fin de Satan*, aux *Contemplations*, écrit *La Forêt mouillée*, fantaisie reprise dans le *Théâtre en liberté*. Édition collective de Pierre Dupont. La commission instituée par Fortoul décide que ne sont populaires que les poésies « nées spontanément au sein des masses, et anonymes », ou, exceptionnellement, « celles qui ont un auteur connu, mais que le peuple a faites siennes en les adoptant ».

1855 Hugo travaille toujours aux *Contemplations* et à *Dieu*. Les séances de spiritisme s'interrompent en octobre, peu de temps avant que Hugo, chassé de Jersey, ne se réfugie à Guernesey.

1856 *Les Contemplations* (3 chansons, 21 poèmes en quatrains de vers courts). Achat de Hauteville-House, dont l'aménagement et la décoration constituent une œuvre majeure de Victor Hugo. « Le Romancero du Cid », destiné à *La Légende des Siècles*, est un ensemble de 182 quatrains d'heptasyllabes. « Le Bey outragé » n'en a que six. Le titre *Les Chansons des rues et des bois* apparaît dans un ouvrage d'Auguste Vacquerie : *Profils et grimaces*.

1857 Hugo travaille à plusieurs projets (*La Légende des Siècles, L'Ane, La Révolution*) et écrit plusieurs chansons. Banville : *Odes funambulesques*. Mort de Béranger.

1858 Hugo, malade (un anthrax au dos), continue de mener de front plusieurs projets.

1859 Fin et publication de la « première série » de *La Légende des Siècles*. En juin, Hugo séjourne dans l'île de Serk et travaille aux *Chansons des rues et des bois* et à ce qui deviendra *Les Travailleurs de la mer*. Il se remet à *La Fin de Satan*. Savinien Lapointe : *Mes chansons*.

1860 Hugo abandonne *La Fin de Satan* et travaille aux *Misérables*.

1861 Achèvement des *Misérables*.

1862 Une première copie, très incomplète, des *Chansons des rues et des bois*, est achevée. Publication des *Misérables*, roman où beaucoup de personnages chantent : Tholomyès (en espagnol), Blachevelle, Fantine mourante, Gavroche, Monsieur Gillenormand et Combeferre (une parodie de la chanson d'Alceste). Hugo voyage en Belgique et sur les bords du Rhin.

1863 Adèle, la deuxième fille du poète, s'enfuit du domicile familial. Voyage en Allemagne. Publication de *Victor Hugo raconté par un témoin de sa vie* (Mme Hugo en est l'auteur).

1864 *William Shakespeare*. Voyage en Allemagne et en Belgique.

1865 Voyage en Belgique, en Allemagne et au Luxembourg. *Les Chansons des rues et des bois*.

1866 *Les Travailleurs de la mer*. Hugo commence *L'Homme qui rit* à Bruxelles. Jean-Baptiste Clément (1837-1903) : « Le Temps des cerises ».

1867 Introduction à *Paris-Guide,* recueil collectif publié à l'occasion de l'Exposition Universelle. Voyage en Zélande.

1868 Naissance de Georges, fils de Charles Hugo et Alice Lehaene. Mort de Mme Victor Hugo.

1869 *L'Homme qui rit*. Naissance de Jeanne, fille de Charles et d'Alice.

1870 Victor Hugo rentre en France après Sedan.

1871 Élu député de Paris, Hugo démissionne presque aussitôt. Mort de Charles, que l'on enterre le jour où s'édifient, au faubourg Saint-Antoine, les premières barricades de la Commune. Hugo part pour la Belgique, où sa présence est nécessaire au règlement de la succession. Il est expulsé pour avoir offert l'asile aux communards traqués. Il se réfugie à Vianden, au Luxembourg. Pottier écrit les paroles de « L'Internationale ».

1872 *L'Année terrible.* Hugo va travailler à Guernesey et s'éprend d'une très jeune fille au service de Juliette, Blanche Lanvin. Adèle, revenue des Amériques, est internée dans une maison de santé de Saint-Mandé.

1873 Mort de François-Victor.

1874 *Quatrevingt-treize. Mes fils.*

1875 Séjour bref à Guernesey.

1876 Sénateur de la Seine, Hugo combat en faveur de l'amnistie des communards.

1877 *La Légende des Siècles* (deuxième série). *L'Art d'être grand-père. Histoire d'un crime* (I). Alice Hugo se remarie avec Edouard Lockroy.

1878 *Histoire d'un crime* (II). *Le Pape.* Atteint d'une congestion cérébrale, Hugo va se reposer à Guernesey. Ce sera son dernier séjour, et la fin à peu près totale de son activité créatrice.

1879 *La Pitié suprême.* Interventions pour l'amnistie.

1880 *Religions et Religion.* L'amnistie est finalement votée.

1881 Grande cérémonie pour célébrer l'entrée de Victor Hugo dans sa quatre-vingtième année. *Les Quatre Vents de l'esprit.*

1882 *Torquemada.*

1883 Dernière série, dite complémentaire, de *La Légende des Siècles.* Mort de Juliette Drouet. Rodin fait le buste de Victor Hugo.

1884 Hugo voit pour la dernière fois la mer, à Veules-les-Roses.

1885 Mort de Hugo, le 22 mai. Funérailles nationales, arc de triomphe, Panthéon. Entrée dans la légende, forme perfide de l'oubli.

HISTORIQUE DES « CHANSONS »

Le 11 mars 1848, dans une liste de projets, Victor Hugo mentionne *La Poésie de la rue*. Vers la même date, il ajoute, sur le manuscrit d'un poème écrit le 19 avril 1847, la mention : « La poésie de la rue. Volume de vers. » On trouvera ce texte, et un autre de la même cuvée, dans la première section de « Quelques poèmes autour des *Chansons* » (p. 346).

Plus tard, au début de l'exil selon Journet et Robert, Hugo écrit sur une chemise un autre titre : *Chansons des rues*. Le titre définitif apparaîtra sur une autre liste (B. N. ms. n.a.f. 24.744, f° 656), avec d'autres projets, accompagné d'une sorte de programme qui n'a été que partiellement respecté : « Socialisme et naturalisme mêlés dans ce recueil. » Il est vrai que cette intention militante est quelque peu tempérée par une addition, probablement plus tardive : « Du reste, naturalisme et socialisme sont mêlés dans tous mes livres. La dominante est tantôt socialisme, tantôt naturalisme. » Quelle que soit la date de ce dernier document, le titre semble être arrêté définitivement au plus tard en avril 1856, date à laquelle Auguste Vacquerie le mentionne dans *Profils et grimaces* (Michel Lévy, 1856).

En dehors de quelques pièces isolées, l'essentiel des *Chansons* fut écrit au cours de deux campagnes, en 1859 et en 1865. En 1859, l'essor est donné par un séjour d'une quinzaine de jours à l'île de Serk (26 mai-10 juin), suivi d'un été à Guernesey particulièrement fécond. Le 23 octobre, Hugo, croyant sans doute en avoir terminé, donne à Juliette Drouet son manuscrit à copier. À cette période d'intense activité « naturaliste » succède une phase de réflexion, et de réaction contemplative, inaugurée le 9 novembre par un poème qui ne sera publié que dans la dernière série de *La Légende des Siècles* : « Rupture avec ce qui amoindrit. » C'était dire clairement, dans le cadre de ce que nous avons appelé l'autobiographie fictive, qu'il était temps de se tourner vers d'autres tâches : vers *La Fin de*

Satan, par exemple, à laquelle Hugo se remet dès le 16 novembre.

Le manuscrit ne fut sans doute jamais copié par Juliette, et l'on a de bonnes raisons de supposer que c'est le même texte qui fut confié finalement à Victoire Étasse, au début de 1862 (aucune pièce datée n'y est postérieure au 23 octobre 1859 (II, ɪɪ, 4). La raison de ce regain d'intérêt est claire. Hugo songeait assez sérieusement à cette époque à la publication des *Chansons* pour demander à Lacroix, le 8 mars 1862, de les annoncer sur la couverture du tome premier des *Misérables*.

On ne sait pas de façon certaine pourquoi le poète fit brusquement volte-face. Hetzel (l'éditeur des *Contemplations* et de *La Légende des Siècles*), Lacroix (l'éditeur des *Misérables*) eurent beau lui réclamer le manuscrit, Hugo continua de tergiverser. L'annonce, finalement, se fit le 4 avril 1864, sur la couverture de *William Shakespeare*, mais la situation resta la même, Hugo expliquant son manque d'intérêt d'une manière plus ou moins convaincante : « Publier un livre, cela me prend autant de temps que d'en faire un », dit-il à Meurice. Faut-il chercher plus loin ? Incontestablement, il manquait au livre une architecture, et même cette unité prosodique qui en sera, en 1865, la caractéristique principale. Et puis, que dirait l'opinion ? Une ébauche publiée par Albouy dit cette inquiétude :

> *Les·Ch. des rues et des B.*
> *Que dira-t-on*
> *D'entendre ce chant d'alouette*
> *Sortir de mon trou de hibou ?*

Il faudra attendre l'été 1865 pour que le projet prenne corps. L'idée de donner au recueil une structure binaire ayant fini par s'imposer, Hugo signe le contrat (avec Lacroix) le 23 juillet, et se met à l'ouvrage dès le 24. Cette fois-ci, c'est en voyageant sur le continent, en Belgique, en Allemagne et au Luxembourg, du 21 août au 28 septembre, que Hugo laisse se déchaîner la fantaisie créatrice. À la fin du mois d'août, un plan pour l'imprimeur, qui n'offre que peu de différences avec le plan définitif (cinq sections au lieu de six dans la première partie), est dressé. Encore quelques pièces à ajouter, quelques modifications à l'ordre, et le 27 septembre le manuscrit est livré (Lacroix a très aimablement remis les 80 000 francs du premier paiement la veille !). À partir de là, tout va très vite. Les premières épreuves arrivent le 4 octobre, les dernières le 18. Le volume parut, à Bruxelles et à Paris, le 25 octobre.

TABLE DE LA COPIE DES
CHANSONS DES RUES ET DES BOIS
ACHEVÉE PAR VICTOIRE ÉTASSE,
LE 1er MARS 1862

CHRONOLOGIE
DES *CHANSONS DES RUES ET DES BOIS*

22 juillet	*« Orphée, au bois du Caÿstre... »*	
23 juillet	*Paulo minora canamus*	I, ɪ, 2
23 juillet	*Hilaritas*	I, ɪɪ, 1
24 juillet	ΨΥΧΗ	I, ɪ, 6
25 juillet	*Post-Scriptum des rêves*	I, ɪ, 3
29 juillet	*Fêtes de village en plein air*	I, ɪᴠ, 11
30 juillet	*Dizain de femmes*	I, ᴠɪ, 9
31 juillet	*Le Cheval*	I, ɪᴠ, 6
2 août	*Le Chêne du parc détruit*	Le Cheval
8 août	*En sortant du collège*	I, ᴠ, 1
9-10 août	*À doña Rosita Rosa*	I, ɪɪ, 3
11 août	*À un visiteur parisien*	I, ᴠɪ, 4
11 août	*« Fuis l'éden des anges déchus... »*	I, ᴠɪ, 17
14 août	*Interruption à une lecture de Platon*	I, ɪᴠ, 9
16 août	*« Oh ! les charmants oiseaux joyeux... »*	I, ɪ, 5
19 août	*Fuite en Sologne*	II, ɪɪ, 1
23 août	*Jour de fête aux environs de Paris*	I, ᴠɪ, 2
31 août	*L'Ascension humaine*	I, ɪᴠ, 2
12 septembre	*Le Doigt de la femme*	II, ɪɪɪ, 5
18 septembre	*Lettre*	I, ᴠɪ, 1
27 septembre	*Choses écrites à Créteil*	I, ᴠɪ, 20
|1859 ?|		I, ɪᴠ, 7
1ᵉʳ octobre	*Pendant une maladie*	II, ɪᴠ, 2
5 octobre	*Ô Hyménée*	I, ɪɪ, 5
5 octobre	*Réalité*	I, ɪɪ, 2
15 octobre	*Les Étoiles filantes*	I, ɪɪɪ, 7
19 octobre	*Paupertas*	I, ɪɪ, 4
22 octobre	*À Jeanne*	I, ɪɪɪ, 6
23 octobre	*« Les enfants lisent, troupe blonde... »*	II, ɪɪ, 4
	Ordre du jour de Floréal	I, ɪ, 1
	Le Poète bat aux champs	I, ɪ, 4
	« La nature est pleine d'amour... »	I, ɪɪɪ, 4
24 juillet 1865	*Le Lendemain*	I, ɪᴠ, 8
10 août	*Le Grand Siècle*	II, ɪɪɪ, 6

12 août |1865 ?|	*Confiance*	I, VI, 10
12 août |1865 ?|	*Dénonciation de l'esprit des bois*	I, VI, 18
12 août |1865 ?|	*Réponse à l'esprit des bois*	I, VI, 19
16 août	*À la belle impérieuse*	I, VI, 7
16 août |1865 ?|	*« La bataille commença... »*	I, IV, 3
17 août |1865 ?|	*Chelles*	I, IV, 5
17 août |1865 ?|	*« C'est parce qu'elle se taisait... »*	I, VI, 6
18 août |1865 ?|	*Rosa fâchée*	I, VI, 14
18 août |1865 ?|	*« L'enfant avril est le frère... »*	I, IV, 10
6 septembre	*À propos de doña Rosa*	I, VI, 12
8 septembre	*Les Bonnes Intentions de Rosa*	I, VI, 13
16 septembre	*Bas à l'oreille du lecteur*	I, II, 8
16 septembre	*Lisbeth*	I, IV, 4
20 septembre	*La Méridienne du lion*	II, III, 8
22-24 septembre	*Senior est junior*	I, II, 9
23 septembre	*Saison des semailles*	II, I, 3
3 octobre |1865 ?|	*— « Va-t'en, me dit la bise... »*	II, IV, 1

Sans date |1865 ?|

juillet-août	*Au Cheval*	*Au Cheval*
	Duel en juin	I, III, 3
septembre	*Sommation irrespectueuse*	I, VI, 8
	Dans les ruines d'une abbaye	I, VI, 15
11 août	*À un visiteur parisien*	I, VI, 17

QUELQUES POÈMES
AUTOUR DES *CHANSONS*

I. LA POÉSIE DE LA RUE

LES TUILERIES

Chanson[1]

Nous sommes deux drôles,
Aux larges épaules,
Deux joyeux bandits,
Sachant rire et battre,
Mangeant comme quatre,
Buvant comme dix.

Quand, vidant les litres,
Nous cognons aux vitres
De l'estaminet,
Le bourgeois difforme
Tremble en uniforme
Sous son gros bonnet.

Nous vivons. En somme,
On est honnête homme,
On n'est pas mouchard.
On va le dimanche
Avec Lise ou Blanche
Dîner chez Richard.

On les mène à Pâques,
Barrière Saint-Jacques,
Souper au Chat Vert,
On dévore, on aime,
On boit, on a même
Un plat de dessert !

Nous vivons sans gîte
Goulûment et vite
Comme le moineau,
Haussant nos caprices
Jusqu'aux cantatrices
De chez Bobino.

La vie est diverse.
Nous bravons l'averse
Qui mouille nos peaux ;
Toujours en ribotes,
Ayant peu de bottes
Et point de chapeaux.

Nous avons l'ivresse,
L'amour, la jeunesse,
L'éclair dans les yeux,
Des poings effroyables ;
Nous sommes des diables,
Nous sommes des dieux !

Nos deux seigneuries
Vont aux Tuileries
Flâner volontiers,
Et dire des choses
Aux servantes roses
Sous les marronniers.

Sous les ombres vertes
Des rampes désertes
Nous errons le soir,
L'eau fuit, les toits fument,
Les lustres s'allument
Dans le château noir.

Notre âme recueille
Ce que dit la feuille
À la fin du jour,
L'air que chante un gnome,
Et, place Vendôme,
Le bruit du tambour.

Les blanches statues
Assez peu vêtues,
Découvrent leur sein,
Et nous font des signes
Dont rêvent les cygnes
Sur le grand bassin.

Ô Rome ! ô la Ville !
Annibal, tranquille,
Sur nous, écoliers,
Fixant ses yeux vagues,
Nous montre les bagues
De ses chevaliers !

La terrasse est brune.
Pendant que la lune
L'emplit de clarté,
D'ombre et de mensonges,
Nous faisons des songes
Pour la liberté.

19 avril 1847.

Je suis Jean qui guette[1],
Chanteur et siffleur,
Qui serait poëte
S'il n'était voleur,

Et qui serait morne
S'il ne trouvait pas
Au coin de la borne
Ses quatre repas.

J'ai la mine haute
Et le nez en fleur
De la Pentecôte
À la Chandeleur.

Je rôde, je marche ;
J'ai pour toit le ciel,
Pour alcôve une arche
Du pont Saint-Michel.

Ah ! c'est toi, vieux singe !
Disent les cathos
Qui battent leur linge
Au bord des bateaux,

Drôlesses ingambes,
Et que j'aime à voir
Se laver les jambes
En chantant le soir.

J'ai près d'une belle
Respect et bon ton ;
Je lui dis mamselle ;
Ça flatte Goton.

Quand j'ai d'aventure
Fait quelque bon coup,
J'en mène en voiture
Quelqu'une à Saint-Cloud.

J'invite à ma table,
Pour un fin soupé,
La plus respectable,
Une franche p.

Les sergents de ville,
Valets du plus fort,
Ont l'âme si vile
Qu'ils me font du tort.

Sous la raison basse
Que j'ai pris parfois
Leur bourse qui passe
À d'affreux bourgeois,

On vient, on saccage
Mon lit de roseau,
On me met en cage
Comme un pauvre oiseau.

J'échappe, et m'en tire ;
Mais c'est ennuyeux,
Pour moi qui respire
Tout le vent des cieux !

Cela me dérange.
Des fois j'ai logé
Sous le pont-au-change ;
J'ai déménagé.

J'ai plus d'une issue.
Ma vie est ainsi
Toute décousue,
Ma culotte aussi.

Ah ! les temps sont rudes !
Souvent on a faim,
Les filles sont prudes,
La jeunesse enfin

N'a plus, que c'est bête !
Le moindre oripeau,
Ni joie en la tête,
Ni plume au chapeau.

Je suis, pour tout dire,
Un garçon railleur,
Moins mauvais qu'un pire,
Moins bon qu'un meilleur.

Je ris comme un coffre,
Je bois comme un trou.
Ô Satan ! je m'offre
À toi pour un sou !

22 avril 1847.

II. PIÈCES ANTÉRIEURES À LA COPIE DE VICTOIRE ÉTASSE, ET QUI N'Y ONT PAS TROUVÉ PLACE

MARGOT [1]

Je signais d'un grand paraphe
Un billet doux bien écrit ;
J'avais toute l'orthographe,
Margot avait tout l'esprit.

Sa bouche, où quelque ironie
Avait l'air de dire : osez,
Était la Californie
Des rires et des baisers.

Que je fusse un imbécile,
C'était probable ; et pourtant
La belle trouvait facile
De m'adorer en chantant,

Jusqu'au jour où, pour la mode
Changeant d'amours et de ton,
Margot trouverait commode
De devenir Margoton.

Nous étions quelques artistes,
Des poëtes, des savants,
Qui jetions nos songes tristes
Et nos jeunesses aux vents.

Nous étions les capitaines
De la fanfare et des chants,
Des parisiens d'Athènes,
Athéniens de Longchamps.

Moi, j'étais, parmi ces sages,
Le rêveur qui parle argot,
Met son cœur dans les nuages
Et son âme dans Margot.

Gais canotiers de Nanterre,
Nous voguions sur le flot pur ;
Margot lorgnait un notaire
Quand je contemplais l'azur.

Elle trouvait l'eau trop fraîche,
Et préférait l'Ambigu,
Et s'écriait : Quand je pêche,
C'est avec l'accent aigu.

Le sort déchira ses voiles ;
Elle s'enfuit, j'échappai ;
Je montai dans les étoiles
Et Margot dans un coupé.

Je suis naïf, toi cruelle[1] ;
Et j'ai la simplicité
De brûler au feu mon aile
Et mon âme à ta beauté.

Ta lumière m'est rebelle,
Et je m'en sens dévorer ;
Mais la chose sombre et belle
Et dont tu devrais pleurer,

C'est que, toute mutilée,
Voletant dans le tombeau,
La pauvre mouche brûlée
Chante un hymne au noir flambeau.

18 janvier 1859.

ENVELOPPE D'UNE PIÈCE DE MONNAIE
DANS UNE QUÊTE FAITE PAR JEANNE[1]

Mes amis, qui veut de la joie ?
Moi, toi, vous. Eh bien, donnons tous.
Donnons aux pauvres à genoux ;
Le soir, de peur qu'on ne nous voie.

Le pauvre, en pleurs sur le chemin,
Nu sur son grabat misérable,
Affamé, tremblant, incurable,
Est l'essayeur du cœur humain.

Qui le repousse en est plus morne ;
Qui l'assiste s'en va content.
Ce vieux homme humble et grelottant,
Ce spectre du coin de la borne,

Cet infirme aux pas alourdis,
Peut faire, en notre âme troublée,
Descendre la joie étoilée
Des profondeurs du paradis.

Êtes-vous sombre ? Oui, vous l'êtes ;
Eh bien, donnez ; donnez encor.
Riche, en échange d'un peu d'or
Ou d'un peu d'argent que tu jettes,

Indifférent, parfois moqueur,
À l'indigent dans sa chaumière,
Dieu te donne de la lumière
Dont tu peux te remplir le cœur !

Vois, pour ton sequin, blanc ou jaune,
Vil sou que tu crois précieux,
Dieu t'offre une étoile des cieux
Dans la main tendue à l'aumône.

LES REÎTRES[1]

Chanson barbare

Sonnez, clairons,
            Sonnez, cymbales !
On entendra siffler les balles ;
L'ennemi vient, nous le battrons ;
Les déroutes sont des cavales
Qui s'envolent quand nous soufflons ;
Nous jouerons aux dés sur les dalles ;
            Sonnez, rixdales,
            Sonnez, doublons !

Sonnez, cymbales,
            Sonnez, clairons !
On entendra siffler les balles ;
Nous sommes les durs forgerons
Des victoires impériales ;
Personne n'a vu nos talons ;
Nous jouerons aux dés sur les dalles ;
            Sonnez, doublons,
            Sonnez, rixdales !

Sonnez, clairons,
            Sonnez, cymbales !
On entendra siffler les balles ;
Sitôt qu'en guerre nous entrons

Les rois ennemis font leurs malles,
Et commandent leurs postillons ;
Nous jouerons aux dés sur les dalles ;
  Sonnez, rixdales,
  Sonnez, doublons !

  Sonnez, cymbales,
  Sonnez, clairons !
On entendra siffler les balles ;
Sur les villes nous tomberons ;
Toutes les femmes nous sont égales,
Que leurs cheveux soient bruns ou blonds ;
Nous jouerons aux dés sur les dalles ;
  Sonnez, doublons,
  Sonnez, rixdales !

  Sonnez, clairons !
  Sonnez, cymbales !
On entendra siffler les balles ;
Du vin ! Du faro ! nous boirons !
Dieu, pour nos bandes triomphales
Fit les vignes et les houblons ;
Nous jouerons aux dés sur les dalles ;
  Sonnez, rixdales,
  Sonnez, doublons !

  Sonnez, cymbales,
  Sonnez, clairons !
On entendra siffler les balles ;
Quelquefois, ivres, nous irons
À travers foudres et rafales,
En zigzag, point à reculons.
Nous jouerons aux dés sur les dalles ;
  Sonnez, doublons,
  Sonnez, rixdales !

  Sonnez, clairons,
  Sonnez, cymbales !
On entendra siffler les balles ;
Nous pillons, mais nous conquérons ;
La guerre a parfois les mains sales,

Mais la victoire a les bras longs ;
Nous jouerons aux dés sur les dalles ;
  Sonnez, rixdales,
  Sonnez, doublons !

  Sonnez, rixdales,
  Sonnez, doublons !
Nous jouerons aux dés sur les dalles ;
Rois, nous sommes les aquilons ;
Vos couronnes sont nos vassales ;
Et nous rirons quand nous mourrons.
On entendra siffler les balles ;
  Sonnez, clairons,
  Sonnez, cymbales !

16 mai 1859.

À UNE ÂME QUI NE S'APERÇOIT PAS QU'ELLE EST UNE FEMME

Alors ne soyez pas étoile ;
Mais si vous voulez, sous le voile,
Éclairer notre œil triste et las,
Si vous voulez, lys du ciel sombre,
Fleur de clarté, luire en notre ombre,
Trouvez bon qu'on vous aime, hélas !

Si vous voulez être auréole,
Si vous voulez, astre et corolle,
Resplendir sur tous et pour tous,
Charmer, prouver Dieu mieux qu'un prêtre,
Et dans la nuée apparaître,
Trouvez bon qu'on tombe à genoux.

Si vous voulez, ange, être celle
Qui brille, fascine, étincelle,
Qui fait le jour en disant oui,

Et la nuit quand elle s'absente,
S'il vous plaît d'être éblouissante,
Trouvez bon qu'on soit ébloui.

C'est votre faute qu'on vous aime.
Quand vers l'azur chaste et suprême
Plein de rayons mystérieux,
Se tournent le mage et le pâtre,
Ce coin du ciel qu'on idolâtre
Ne doit s'en prendre qu'à ses yeux.

Si vous voulez jeter des flammes,
Trouvez bon que les pauvres âmes
Volent éperdûment à vous ;
Le feu qui nous tue, on l'adore ;
Car mourir brûlé par l'aurore,
Mourir de lumière, c'est doux !

9 juin 1859. Serk.

LE PARISIEN DU FAUBOURG[1]

Il fait la noce éternelle.
La table est dans la tonnelle ;
Mort ivre, il tombe dessous ;
Et, c'est là sa réussite,
Il va, quand il ressuscite,
Au paradis pour six sous.

Rire et boire, et c'est la vie !
On régale ; on se convie
Sur le vieux comptoir de plomb ;
Toujours fête ; et le dimanche
Tient le lundi par la manche ;
Le dimanche a le bras long.

Le broc luit sous les charmilles.
— Nous tendrons un verre aux filles
Et nous les embrasserons ;
Être heureux, c'est très facile.
La Grèce avait le Pœcile,
La France a les Porcherons[2].

Las, on se couche aux carrières... —
Oh ! ce peuple des barrières !
Oh ! ce peuple des faubourgs !
Fou de gaîtés puériles,
Donnant quelques fleurs stériles
Pour tant de profonds labours !

Il dort, il chante, il s'irrite.
Rome dit : quel sybarite !
Sybaris dit : quel romain !
À toute minute il change ;
Et ce serait un archange
Si ce n'était un gamin.

L'athénien est son père.
Par moments on désespère ;
Il quitte et reprend son bât.
Devinez cette charade :
Il achève en mascarade
Ce qu'il commence en combat.

Il n'a plus rien dans les veines ;
Il emploie aux danses vaines
Ces grands mois, juillet, août ;
Quel bâtard, ou quel maroufle !
— Mais un vent inconnu souffle ;
Il se lève tout à coup,

Tout ruisselant d'espérance,
Disant : Je m'appelle France !
Splendide, ivre de péril,
Beau, joyeux, l'âme éveillée,
Comme une abeille mouillée
De rosée au mois d'avril !

Il se lève formidable,
Abordant l'inabordable,
Prenant dans ses poings le feu,
Sonnant l'heure solennelle,
Ayant l'homme sous son aile
Et dans sa prunelle Dieu !

Fier, il mord dans le fer rouge.
Il change en éden le bouge,
Enfante chefs et soldats,
Et, se dressant dans sa gloire,
Finit sa chanson à boire
Par ce cri : Léonidas !

Qu'un autre lui jette un blâme.
Il est le peuple et la femme ;
C'est l'enfant insoucieux
Qui soudain s'allume et brille ;
Il descend de la Courtille[3],
Mais il monte dans les cieux.

Guernesey, 16 juin 1859.

À UN RAT

Ô rat de là-haut, tu grignotes
Dans le grenier, ton oasis,
Les Pontmartins et les Nonottes[1]
    Moisis.

Tu vas, flairant de tes moustaches
Ces vieux volumes qu'ont ornés
De tant d'inexprimables taches
    Les nez.

Rat, tu soupes et tu déjeunes
Avec des romans refroidis,

Des vers morts, et des quatrains jeunes
   Jadis.

Ô rat, tu ronges et tu songes !
Tu mâches dans ton galetas
Les vieux dogmes et les vieux songes
   En tas.

C'est pour toi qui gaîment les fêtes
Qu'écrivent les bons Patouillets² ;
C'est pour toi que les gens sont bêtes
   Et laids.

Rat, c'est pour toi, qui les dissèques
Que les sonnets et les sermons
Disent dans les bibliothèques :
   Dormons !

Pour toi, croulent les noms postiches ;
Tout à bien pourrir réussit,
La rime au bout des hémistiches
   Rancit.

C'est pour toi qu'en ruine tombe
L'amas difforme des grimauds ;
C'est pour toi que grouille la tombe
   Des mots.

C'est pour toi, rat, dans ta mansarde,
Que Garasse se fait vieillot ;
Et c'est pour toi que se lézarde
   Veuillot³.

La postérité, peu sensible,
Traite ainsi l'œuvre des pédants ;
La nuit dessus, toi, rat paisible,
   Dedans.

Le public incivil se sauve
Devant ces bouquins d'aujourd'hui
Où gît, comme au fond d'une alcôve,
   L'ennui ;

Toi, tu n'as point de ces faiblesses.
On reconnaît, ô rat poli,
Au coup de dent que tu lui laisses,
　　　L'oubli.

Tu dévores ces noms étranges,
Taschereau, Vapereau, Caro[4] ;
Tu vis de ce néant, tu manges
　　　Zéro.

C'est égal, je te plains. Contemple,
Là-bas, sous les cieux empourprés,
Le lapin dans l'immense temple
　　　Des prés.

Il va, vient, boit l'encens, s'enivre
De rayons, de vie et d'azur,
Pendant que tu mords dans un livre
　　　Trop mûr.

L'aurore est encore en chemise
Que, lui, debout, il se nourrit ;
Sa nappe verte est toujours mise ;
　　　Il rit.

Il est César, dans sa clairière :
Il contemple, point soucieux,
Tranquille, assis sur son derrière,
　　　Les cieux.

Il fait toutes sortes de mines
À la prairie, à l'aube en feu,
Aux corolles, aux étamines,
　　　À Dieu.

Télégraphe de l'herbe fraîche,
Ses deux pattes à chaque instant
Jettent au ciel cette dépêche :
　　　Content.

En plein serpolet il patauge ;
Vois, il est vorace et railleur ;
Compare : il broute, lui, la sauge
       En fleur,

L'anis, le parfum, la rosée
Le trèfle, la menthe et le thym ;
Toi, l'Ermite de la Chaussée
       D'Antin[5].

17 juin 1859.

L'DYLLE DE FLORIANE

I

La comtesse Floriane
S'éveilla, comme les bois
Chantaient la vague diane
Des oiseaux, à demi-voix.

Quand elle fut habillée,
Comme pour Giulietta,
Toute la sombre feuillée
Amoureuse, palpita.

Et, quand, blanche silhouette,
Sur le balcon du préau,
Elle apparut, l'alouette
Chercha des yeux Roméo.

J'accourus à tire-d'ailes,
Car c'est mon bonheur de voir
Le matin lever les belles
Et les étoiles le soir.

II

À l'heure où, chassant le rêve,
L'aube ouvre les firmaments,
C'est le moment, filles d'Ève,
D'aller voir des diamants.

Toute une bijouterie
Brille à terre au jour serein ;
L'herbe est une pierrerie,
Et l'ortie est un écrin.

Des rubis dans les nymphées,
Des perles dans les halliers ;
Et l'on dirait que les fées
Ont égrené leurs colliers.

Et nous nous mîmes à faire
Un bouquet dans l'oasis ;
Et la fleur qu'elle préfère
Est celle que je choisis.

III

Gaie, elle sautait dans l'herbe
Comme la belle Euriant,
Et, montrant le ciel superbe,
Soupirait en souriant.

« J'aimerais mieux, disait-elle,
Courir dans ce beau champ bleu,
Cueillant l'étoile immortelle,
Quitte à m'y brûler un peu ;

« Mais, vois, c'est inaccessible,
(Car elle me tutoyait)
Puisque l'astre est impossible,
Contentons-nous de l'œillet. »

IV

Aucune délicatesse
N'est plus riante ici-bas
Que celle d'une comtesse
Mouillant dans l'herbe ses bas.

Au gré du vent qui la mène,
Dans les fleurs, dans le gazon,
La beauté de Célimène
Prend les grâces de Suzon.

Elle montrait aux pervenches,
Aux verveines, sous ses pas,
Ses deux belles jambes blanches
Qu'elle ne me cachait pas.

On se tromperait de croire
Que les bois n'ont pas des yeux
Et, dans leur prunelle noire,
Plus d'un rayon très joyeux.

Souvent tout un bois s'occupe
À voir deux pieds nus au bain,
Ou ce frisson d'une jupe
Qui fait trembler Chérubin.

Les bleuets la trouvaient belle ;
L'air vibrait ; il est certain
Qu'on était fort épris d'elle
Dans le trèfle et dans le thym.

Quand ses légères bottines
Enjambaient le pré charmant,
Ce tas de fleurs libertines.
Levait la tête gaîment.

Et je disais : prenez garde !
Le muguet est indécent,
Et le liseron regarde
Sous votre robe en passant.

V

Ses pieds fuyaient... — quel délire
D'errer dans les bois chantants !
Oh ! le frais et divin rire
Plein d'aurore et de printemps !

Une volupté suprême
Tombait des cieux entr'oùverts.
Je suivais ces pieds que j'aime ;
Et, dans les quinconces verts,

Dans les vives cressonnières,
Moqueurs, ils fuyaient toujours ;
Et ce sont là les manières
De la saison des amours.

J'admire, ô jour qui m'enivres,
Ô neuf sœurs, ô double mont !
Les savants qui font des livres
D'être les taupes qu'ils sont,

De fermer leur regard triste
À ce que nous contemplons,
Et, quand ils dressent la liste
Des oiseaux, des papillons,

Des mille choses ailées,
Moins près de nous que des cieux,
Qui volent dans les allées
Du grand parc mystérieux,

Dans les prés, sous les érables,
Au bord des eaux, clairs miroirs,
D'oublier, les misérables,
Ces petits brodequins noirs !

VI

Nous courions dans les ravines,
Le vent dans nos cheveux bruns,
Rançonnés par les épines,
Mais payés par les parfums.

Chaque fleur, chaque broussaille,
L'une après l'autre, attirait
Son beau regard où tressaille
La lueur de la forêt.

Elle secouait leurs gouttes ;
Tendre, elle les respirait,
Et semblait savoir de toutes
La moitié de leur secret.

Un beau buisson plein de roses
Et tout frissonnant d'émoi
Se fit dire mille choses
Dont j'aurais voulu pour moi.

Ému, j'en perdais la tête.
Comment se rassasier
De cette adorable fête
D'une femme et d'un rosier !

Elle encourageait les branches,
Les fontaines, les étangs,
Et les fleurs rouges ou blanches,
À nous faire un beau printemps.

Comme elle était familière
Avec les bois d'ombre emplis !
« Pardieu, disait un vieux lierre,
Je l'ai vue autrefois lys ! »

VII

Quel bouquet nous composâmes !
Pour qu'il durât plus d'un jour,
Nous y mîmes de nos âmes ;
La comtesse, tour à tour

M'offrant tout ce qui se cueille,
Jouait à me refuser
La rose ou le chèvrefeuille,
Pour m'accorder le baiser.

Les ramiers et les mésanges
Nous enviaient par moments ;
Nous étions déjà des anges
Quoique pas encore amants.

Seulement son cœur dans l'ombre
M'appelait vers son corset ;
Au fond de mon rêve sombre
Une alcôve frémissait.

Quoique plongés aux ivresses,
Quoique égarés et joyeux,
Quoique mêlant des caresses
Aux profonds souffles des cieux,

Nous avions ce bonheur calme
Qui fait que le séraphin
Trouve un peu lourde sa palme,
Et voudrait être homme enfin.

Car là-haut même, ô mystère,
Il faut, et je vous le dis,
Un peu de chair et de terre
Pour qu'un ciel soit paradis.

22 juin 1859.

Venez nous voir dans l'asile[1]
Où notre nid s'est caché,
Où Chloé suivrait Mnasyle,
Où l'Amour suivrait Psyché.

Si vous aimez la musique,
C'est ici qu'est son plein vol.
Mozart n'est qu'un vieux phthisique
À côté du rossignol.

Ici la fleur, le poëte,
Et le ciel font des trios.
Ô solos de l'alouette !
Ô tutti des loriots !

Chant du matin, fier, sonore !
L'oiseau vous le chantera.
Depuis six mille ans, l'aurore
Travaille à cet opéra.

Venez ; fiers de vos présences,
Les champs, qui sont des jardins,
Auront mille complaisances
Pour vous autres citadins.

Nos rochers valent des marbres ;
Le beau se fera joli
Et le moineau, sous les arbres,
Quoique franc, sera poli.

Mai joyeux, juin frais et tendre
Arriveront à propos
Pour que vous puissiez entendre
La clochette des troupeaux.

Venez, vous verrez les guêtres
Du vieux laboureur normand ;
Les mouches par vos fenêtres
Entreront éperdûment.

Le soir, sous les vignes vierges,
Vous verrez Dieu qui nous luit
Allumer les mille cierges
De sa messe de minuit.

Et nous oublierons ces choses
Dont on pleure et dont on rit,
L'homme ingrat, les ans moroses,
L'eau sombre où l'esquif périt,

La fuite de l'espérance,
Les cœurs faux, le temps si court,
Et qu'on partage la France
Dans la Gazette d'Augsbourg.

25 juin 1859.

N'ayant ni bois ni coteaux,
Mais fort ours, vu mon grand âge,
J'ai loué chez Flicoteaux[1]
Un antre au sixième étage.

L'autre jour, sur mon carré,
Une porte était tout contre ;
J'y vis ce reflet doré
Que du doigt l'amour nous montre.

Je crois que je me trompai
De porte, un dieu nous fascine,
J'entrai sans avoir frappé
Dans une grotte voisine.

Marthe était sur son chevet,
Et, charme irrémédiable !
Sur ses cheveux d'ange avait
Une coiffure de diable.

Cheveux d'or ! quels dénouements
Et quels transports on suppose
Dans vos désordres charmants,
Quand il s'y mêle une rose !

L'oiseau court vers les rameaux,
Son pied chercha sa pantoufle ;
Moi, j'ai dit un de ces mots
Bêtes, que l'amour nous souffle.

Nous nous sommes regardés ;
J'ai fui, l'âme illuminée.
Oh ! je sens rouler les dés
De l'obscure destinée !

11 juillet 1859.

LAETITIA RERUM[1]

Tous est pris d'un frisson subit.
L'hiver s'enfuit et se dérobe.
L'année ôte son vieil habit ;
La terre met sa belle robe.

Tout est nouveau, tout est debout ;
L'adolescence est dans les plaines ;
La beauté du diable, partout,
Rayonne et se mire aux fontaines.

L'arbre est coquet ; parmi les fleurs
C'est à qui sera la plus belle ;
Toutes étalent leurs couleurs,
Et les plus laides ont du zèle.

Le bouquet jaillit du rocher ;
L'air baise les feuilles légères ;
Juin rit de voir s'endimancher
Le petit peuple des fougères.

C'est une fête en vérité,
Fête où vient le chardon, ce rustre ;
Dans le grand palais de l'été
Les astres allument le lustre.

On fait les foins. Bientôt les blés.
Le faucheur dort sous la cépée ;
Et tous les souffles sont mêlés
D'une senteur d'herbe coupée.

Qui chante là ? Le rossignol.
Les chrysalides sont parties.
Le ver de terre a pris son vol
Et jeté le froc aux orties ;

L'aragne sur l'eau fait des ronds ;
Ô ciel bleu ! l'ombre est sous la treille ;
Le jonc tremble, et les moucherons
Viennent vous parler à l'oreille ;

On voit rôder l'abeille à jeun,
La guêpe court, le frelon guette ;
À tous ces buveurs de parfum
Le printemps ouvre sa guinguette.

Le bourdon, aux excès enclin,
Entre en chiffonnant sa chemise ;
Un œillet est un verre plein,
Un lys est une nappe mise.

La mouche boit le vermillon
Et l'or dans les fleurs demi-closes,
Et l'ivrogne est le papillon,
Et les cabarets sont les roses.

De joie et d'extase on s'emplit,
L'ivresse, c'est la délivrance ;
Sur aucune fleur on ne lit :
Société de tempérance.

Le faste providentiel
Partout brille, éclate et s'épanche,

Et l'unique livre, le ciel,
Est par l'aube doré sur tranche.

Enfants, dans vos yeux éclatants
Je crois voir l'empyrée éclore ;
Vous riez comme le printemps
Et vous pleurez comme l'aurore.

PRINTEMPS[1]

C'est la jeunesse et le matin.
Vois donc, ô ma belle farouche,
Partout des perles : dans le thym,
Dans les roses, et dans ta bouche.

L'infini n'a rien d'effrayant ;
L'azur sourit à la chaumière ;
Et la terre est heureuse, ayant
Confiance dans la lumière.

Quand le soir vient, le soir profond,
Les fleurs se ferment sous les branches ;
Ces petites âmes s'en vont
Au fond de leurs alcôves blanches.

Elles s'endorment, et la nuit
A beau tomber noire et glacée,
Tout ce monde des fleurs qui luit
Et qui ne vit que de rosée,

L'œillet, le jasmin, le genêt,
Le trèfle incarnat qu'avril dore,
Est tranquille, car il connaît
L'exactitude de l'aurore.

18 juillet 1859.

CHOSES DU SOIR[1]

Le brouillard est froid, la bruyère est grise ;
Les troupeaux de bœufs vont aux abreuvoirs ;
La lune, sortant des nuages noirs,
Semble une clarté qui vient par surprise.

Je ne sais plus quand, je ne sais plus où,
Maître Yvon soufflait dans son biniou.

Le voyageur marche et la lande est brune ;
Une ombre est derrière, une ombre est devant ;
Blancheur au couchant, lueur au levant ;
Ici crépuscule, et là clair de lune.

Je ne sais plus quand, je ne sais plus où,
Maître Yvon soufflait dans son biniou.

La sorcière assise allonge sa lippe ;
L'araignée accroche au toit son filet ;
Le lutin reluit dans le feu follet
Comme un pistil d'or dans une tulipe.

Je ne sais plus quand, je ne sais plus où,
Maître Yvon soufflait dans son biniou.

On voit sur la mer des chasse-marées ;
Le naufrage guette un mât frissonnant ;
Le vent dit : demain ! l'eau dit : maintenant !
Les voix qu'on entend sont désespérées.

Je ne sais plus quand, je ne sais plus où,
Maître Yvon soufflait dans son biniou.

Le coche qui va d'Avranche à Fougère
Fait claquer son fouet comme un vif éclair ;
Voici le moment où flottent dans l'air
Tous ces bruits confus que l'ombre exagère.

Je ne sais plus quand, je ne sais plus où,
Maître Yvon soufflait dans son biniou.

Dans les bois profonds brillent des flambées ;
Un vieux cimetière est sur un sommet ;
Où Dieu trouve-t-il tout ce noir qu'il met
Dans les cœurs brisés et les nuits tombées ?

Je ne sais plus quand, je ne sais plus où,
Maître Yvon soufflait dans son biniou.

Des flaques d'argent tremblent sur les sables ;
L'orfraie est au bord des talus crayeux ;
Le pâtre, à travers le vent, suit des yeux
Le vol monstrueux et vague des diables.

Je ne sais plus quand, je ne sais plus où,
Maître Yvon soufflait dans son biniou.

Un panache gris sort des cheminées ;
Le bûcheron passe avec son fardeau ;
On entend, parmi le bruit des cours d'eau,
Des frémissements de branches traînées.

Je ne sais plus quand, je ne sais plus où,
Maître Yvon soufflait dans son biniou.

La faim fait rêver les grands loups moroses ;
La rivière court, le nuage fuit ;
Derrière la vitre où la lampe luit,
Les petits enfants ont des têtes roses.

Je ne sais plus quand, je ne sais plus où,
Maître Yvon soufflait dans son biniou.

VISIONS DE LYCÉEN

Quand on sort de rhétorique,
Du livre et de l'encrier,
On a l'âme chimérique
Et le cœur aventurier.

On a pour nid des murs bistres
Des galetas fabuleux,
Que les rats ont faits sinistres,
Que l'illusion fait bleus.

On n'est pas très difficile
Aux divinités qu'on voit ;
Et les nymphes de Sicile
S'accoudent au bord du toit.

Puisqu'il faut que j'en convienne,
C'est vrai, souvent nous prenons
Dans le passage Vivienne
Des Margots pour des Junons.

Toute la mythologie
Vient becqueter nos taudis ;
Nous y faisons une orgie
De ciels et de paradis.

Je rêve. Oui, la vie est sombre
Et charmante ; et des clins d'yeux
M'arrivent au fond de l'ombre
Qui m'ont mis au rang des dieux.

L'extase au cinquième habite.
L'amour fait multiplier
Les rêves du cénobite
Par le front de l'écolier.

L'amour me montre, espiègle,
Un but splendide et coquet,
À faire planer un aigle
Et grimper un perroquet.

Je suis naïf au point d'être
Par moments persuadé
Que Vénus, de sa fenêtre,
M'a fait signe à Saint-Mandé.

Et j'ai tant horreur du vide
Que mon bouge est empourpré
Par ces déesses qu'Ovide
Laisse entrevoir à Chompré[1].

Mon œil sous ma boîte osseuse
Est à de tels songes prêt
Qu'à travers ma blanchisseuse
Phyllodoce m'apparaît.

Une chemisière aimante
Vint hier dans mon grenier ;
Elle portait, la charmante,
Des rayons dans son panier.

Ravi de cette descente,
Je crus que je voyais choir
Hébé, toute frémissante
D'aurore, sur mon perchoir.

Comment peindre l'air de fête
De deux yeux presque innocents ?
Fraîche, elle avait sur la tête
Cette lumière, seize ans.

Et l'autre jour, — plein d'Homère,
Je songeais je ne sais où ;
Je marchais dans la chimère,
Tout au bord, sans garde-fou ; —

Une muse au front suprême
Passa dans mon horizon.

« C'est Calliope elle-même ! »
Criai-je. C'était Suzon.

Je me risquai dans l'échoppe
Dont un coffre est le sofa,
À chiffonner Calliope ;
Calliope me griffa.

La fillette est la syrène.
J'attire Anne à mon foyer,
Lui donnant des noms de reine
Afin de la tutoyer.

Ainsi je vis, l'œil en flammes,
Dans mes bouquins, loin du bruit,
Étoilant toutes les femmes,
Confusément, dans la nuit.

C'est vrai, je plane et je grimpe.
Levé tôt et couché tard,
Je vois se dresser l'Olympe
Dans le quartier Mouffetard.

Je les fais déesses toutes,
Et sur leurs chiffons je mets
La lueur des sombres voûtes
Ou l'éclair des bleus sommets.

Je vois parfois la tunique
S'ébaucher sous le torchon,
Et la Diane ionique
Sous le madras de Fanchon.

Je change en Daphné Lisette.
Je ne sais que devenir.
Quand je vois une grisette
J'entends Pégase hennir.

Je m'éblouis, solitaire ;
Car il faut que nous usions
L'une après l'autre, sur terre,
Toutes les illusions.

Je guette, et je me hasarde
À sonder d'un œil ardent
L'empyrée et la mansarde ;
Et je contemple ; et, pendant

Que rôde sur ma gouttière
Quelque gros chat moustachu,
Cypris met sa jarretière,
Pallas ôte son fichu.

7 7bre 1859.

Je fixais un œil ébloui
Sur l'aube qui, pudique et rose,
Semble en hésitant dire oui
À ce que le ciel lui propose.

Plein d'infini, je m'abîmais
Dans cette immense rêverie
De voir sur les obscurs sommets
Poindre la lumière attendrie.

J'oubliais tout, ô clair printemps !
Tout, la ville, les bruits, les êtres,
Mon livre ouvert, mes dix-sept ans,
Les vagues chansons des fenêtres.

Un pinson vint sur mon palier,
M'examina, hocha la tête,
Et dit : — « Si j'étais écolier,
« Je ne serais pas une bête.

« Je serais joyeux, point songeur ;
« Je regarderais Jeanne éclore ;
« Et j'aimerais mieux la rougeur
« D'une fille que de l'aurore. »

17 7bre.

SUR UN HISTORIEN
À L'USAGE DES COLLÈGES

Cet être[1] fit de la glose,
Des cantiques, des quatrains,
Et de ces vers nommés prose,
Mugissement des lutrins.

Il aima la péronnelle,
Il crut aux bûchers, au feu,
À Racine, à la flanelle,
À Rome, et peut-être en Dieu.

Il fit danser la gavotte
Aux événements humains
Dans une histoire dévote
Que l'église offre aux gamins.

Le Saint-Esprit, la madone
Par lui nous ont fait présent
De ce livre, que Dieu donne,
Et que vend Beaucé-Rusand.

Il assit le dogme au centre
Des pas réguliers du sort ;
Il dit pourquoi César entre,
Pourquoi Charlemagne sort.

Il montra la règle sûre,
Et Dieu, dans le ciel muet,
Attentif à la mesure
Que lui marque Bossuet.

Il dit le secret sublime
Du bien, du mal, du destin ;
Il illumina l'abîme
Par des notes en latin.

Selon le dogme papiste,
Au grand plaisir des rieurs,
Il expliqua tout, copiste
Des grimauds antérieurs.

Car la clarté se condense
Dans Trublet et Loriquet,[2]
Gens pour qui la Providence
Ne s'enferme qu'au loquet.

Son livre est couleur de rouille ;
Mais, grâce à lui, l'on sait bien
Que Dieu jamais ne se brouille
Avec Dom Félibien[3].

Le ridicule sinistre
Sur ce bonhomme est tombé ;
Comme poëte, il fut cuistre,
Comme faune, il fut abbé.

8 7bre 1859.

La grecque et la parisienne
Font, parmi nos couplets railleurs
Comme à travers l'idylle ancienne,
La même course dans les fleurs.

Toutes deux sont l'amour, la joie
Le coup d'œil tendre et hasardeux,
Le caprice, et, pour qu'on les voie,
Elles se cachent toutes deux.

Toutes deux, montrant leurs épaules,
Pour dire oui prononcent non,
Et Galatée est sous les saules
Comme sous l'éventail Ninon.

Deux sœurs ! à qui la préférence ?
Pan hésite au fond des forêts
Entre l'Arcadie et la France,
Entre Théocrite et Segrais.

Romainville vaut le Taygète ;
Et, ramassant sur tous ses pas
Les bouquets que le temps lui jette,
L'églogue ne donnerait pas

Dans son poëme, où la noisette
A sa place à côté des lys,
Le bas bien tiré de Lisette
Pour les pieds nus d'Amarillys.

On sent les pointes de la bise ;
L'hiver vient. Dans la vieille église
J'écoute l'horloge marcher ;
On dirait que quelqu'un aiguise
Quelque chose dans le clocher.

L'horloge des heures est l'antre.
Sur le cadran qu'on voit au centre
La destinée erre à pas sourds.
Quand Aujourd'hui sort, Demain entre,
Et contre lui pas de secours.

Dans la tour que l'airain secoue
Le Temps se cache avec sa roue ;
Sombre, il fait de tout des lambeaux ;
Douze fois par jour, l'heure avoue
Qu'elle travaille à nos tombeaux.

Tout fuit, l'aile comme la voile ;
L'âme, l'aube, la fleur, l'étoile,
Feux follets sous le firmament !
Toute la vie est sous un voile,
Avec des lueurs par moment.

Ne vous fiez pas à l'aurore,
C'est la minute qui se dore ;
Le lys en un jour est terni ;
L'astre s'en va ; l'âme est encore
Plus en fuite dans l'infini.

Le temps use dans sa logette
Ce qui vit et ce qui végète ;
L'aube, l'astre, l'âme, la fleur,
Sont quatre étincelles que jette
La meule de ce rémouleur.

1859.

IV. DU 23 OCTOBRE 1859
À LA COPIE DE VICTOIRE ÉTASSE
(1ᵉʳ mars 1862)

À J. DE S..., LABOUREUR À YVETOT[1].

(Mi-carême de 18..)

I

Roi d'Yvetot, mon camarade,
Je te dis : — Salut ! il fait beau ! —
Comme Racan à Benserade,
Et comme Arioste à Bembo[2].

En famille chez toi l'on soupe ;
Ta médiocrité te plaît ;
La gaîté sainte est la soucoupe
De la tasse où tu bois ton lait.

On nous prêche ici la tristesse.
Sanchez[3] dresse procès-verbal
De ce que la folle Lutèce
Va, fort décolletée, au bal.

Il nous pleut des sermons sans nombre,
Très funèbres, point variés ;
Mais vous êtes là-bas dans l'ombre
Quelques sages qui souriez.

L'intolérance aux rois s'appuie,
Nous frappant de leur droit divin,
Pendant qu'avril déjà ressuie
Les églantiers dans ton ravin.

Un quadrille est presque une émeute.
L'essaim des cloîtres nous poursuit ;
Nos bals sont mordus par la meute
De tous ces dogues de la nuit.

II

Est-ce que les brumes augmentent ?
L'homme est de raison indigent
S'il se livre à ces clercs qui chantent
Au Dieu juste un hymne outrageant.

Il faut être de bonne pâte
Pour se figurer que les rois
Sont sacrés, et que Dieu se hâte
Au moindre appel de leurs beffrois ;

Et qu'il dit, laissant ses affaires,
Les cieux, l'abîme à diriger,
L'ombre et la conduite des sphères :
— Diantre ! Tibère est en danger !

Être l'homme, et suivre la buse !
Croire, après un sermon peu neuf,
Que Dieu n'est qu'un porte-arquebuse
Debout derrière Charles neuf !

Il faut être inepte, ô Voltaire,
Pour dire : C'est vrai, l'élément
Et l'astre aperçoivent sur terre
Louis quinze distinctement.

Il faut être naïf pour croire
Que Dieu se plaît à châtier,
Et qu'Iblis[1], la grande âme noire,
Aidé par un arbre fruitier,

Invente la place de Grève,
Les pédants, le code civil,
Parce qu'Adam mord après Ève
Dans une pomme de calvil.

Quand on peut croire aux lys, aux roses,
À l'aurore, il est enfantin
De croire à cent romans moroses
Mal traduits du grec en latin.

Il faut être un âne à la lettre
Pour rêver Diderot puni,
Pour damner Kant, et pour admettre
Que Dieu, l'aïeul de l'infini,

Ne s'occupe, en sa gloire énorme,
Sans cesse, hier comme demain,
Qu'à faire le procès en forme
À tout ce pauvre genre humain ;

Et que sa clémence est à l'aise
Dans le hurlement des maudits,
Et dans le cri d'une fournaise
Couvrant le chant du paradis.

III

Depuis six mille ans on invente,
On suppose, on effraie, on ment,
Malgré la lumière vivante
Du vénérable firmament.

Le faux ciel que sur nous on penche
Est de chimères pluvieux ;
Le mensonge a la barbe blanche ;
L'homme est enfant, le conte est vieux.

La loi devient l'hiéroglyphe ;
Toujours l'ombre au jour succéda ;
Moïse, hélas, produit Caïphe,
Christ engendre Torquemada.

Quel néant l'homme a sur sa table !
Rien fait mettre un monde à genoux.
Le temple est un lieu redoutable
Où le sage enfante des fous.

Les religions sont des gouffres ;
À leur surface on voit un mont,
L'erreur, puis de grands lacs de soufres,
Puis de l'ombre, et Dieu triste au fond.

Non, non, ce n'est pas pour le jeûne,
Le cilice et les bras en croix,
Que Jacque est beau, qu'Agnès est jeune,
Que l'alouette chante aux bois !

Le diable et son soufflet de forge
S'évanouissent aussitôt
Que j'écoute le rouge-gorge
Dans ton petit champ d'Yvetot.

Le baïram et le carême
Ont le même idéal tous deux :
La femme maigre, l'homme blême,
Le ciel terrible, Dieu hideux.

Je désire autrement conclure.
Tous ces korans, en vérité,
Ne laissent rien, qu'une fêlure
Au cerveau de l'humanité.

Devant ces dogmes qu'on redoute,
Ciel difficile, enfer promis,
Je prends le grand parti du doute,
Et de remplir mon verre, amis.

IV

Le carnaval n'est point un crime.
Jamais mon esprit ne croira
Qu'on tombe à l'éternel abîme
Par les trappes de l'Opéra.

Que Dieu se fâche de la joie,
C'est peu probable ; et je suis sûr,
Quand sur nos fronts l'amour flamboie,
Que quelqu'un sourit dans l'azur.

Quand Lise, au plaisir décidée,
Drape son burnous nubien,
Et court au bal, j'ai dans l'idée
Que l'infini le prend très bien.

Je crois peu, dans ma petite ombre,
Qu'être gais, ce soit être ingrats,
Et que le Dies iræ sombre
Ait pour masque le mardi gras.

Je doute que, cachant son glaive,
Michel, l'effrayant chérubin,
Pour voir où Musard[5] entraîne Ève,
Loue un costume chez Babin.

V

Ces erreurs, nuage durable,
Obscurcissent la terre, et font
Que l'âme humaine est misérable
En présence du ciel profond.

Ces védas, ces métempsychoses,
Abrutissent l'homme transi ;
Donc les champs sont de belles choses,
Et la danse aux flambeaux aussi !

Quand mon archevêque me damne
Pour une tranche de jambon,
Et me maudit, j'aime mieux Jeanne,
Meilleure preuve d'un Dieu bon.

J'aime mieux rêver sous les saules
Que de lire les mandements
De monsieur le primat des Gaules
Contre les poulardes du Mans.

Je trouve charmantes les belles ;
Et je préfère la gaîté
Des Margots et des Isabelles,
A Santeuil[6] hurlant : STUPETE !

Je répugne aux vieux dogmes tristes ;
Je veux, en deux efforts égaux,
Tirer l'art des mains des puristes
Et Dieu des griffes des cagots.

Je hais les césars et les Romes ;
Ma sagesse, en ces temps railleurs,
C'est beaucoup d'amour pour les hommes,
Beaucoup de pitié pour les fleurs.

Je donnerais dix rois de France
Et vingt sultans de Dahomey
Pour ôter au pauvre une transe,
Une nuée au mois de mai.

VI

Tout homme est pris, dans son bas âge,
Par le mensonge triomphant ;
Les ténèbres, cet esclavage,
M'ont mis au bagne, tout enfant.

Ceux pour qui l'ignorance est l'ordre
Ont, sur ma pensée où Dieu luit,
Pris soin de nouer et de tordre
L'énorme chaîne de la nuit.

Chaque chaînon de cette chaîne
Est fait d'autorité, de deuil,
D'énigme, et de la vieille haine
Forgée avec l'antique orgueil.

La peur, tous les textes terribles,
Tout l'anathème, tout l'enfer,
Tous les korans, toutes les bibles,
Mêlés, en composent le fer.

Cette chaîne, où rampe une flamme,
Sur l'enfant comme sur l'agneau
Pèse, et nous étreint ; mais mon âme
Rit, et passe à travers l'anneau.

                                        25 octobre 1859.

RENCONTRE D'UNE PETITE FAGOTIÈRE[1]

Enfant au teint brun, aux dents blanches,
Ton petit bras derrière toi
Tire un tremblant faisceau de branches.
Ô doux être d'ombre et d'effroi,

Dans la clairière aux vertes routes,
Tu passes ; nous nous regardons,
Moi, plein de songes et de doutes,
Toi, les pieds nus dans les chardons.

À nous deux, seuls dans la rosée,
Nous ferions sourire un cagot ;
Car, moi, je porte la pensée,
Et toi, tu traînes le fagot.

27 octobre 1859.

CHANSON D'AUTREFOIS[1]

Quelqu'un connaît-il ma cachette ?
C'est un lieu calme, où le ciel clair
En un jour de printemps rachète
Le mal qu'ont fait six mois d'hiver.

Il y coule des eaux charmantes ;
L'iris y naît dans les roseaux ;
Et le murmure des amantes
S'y mêle au babil des oiseaux.

Là vivent, dans les fleurs, des groupes
Épars, et parfois réunis,
Avec des chants au fond des coupes
Et le silence au fond des nids.

La grâce de cette ombre heureuse
Et de ce verdoyant coteau
Semble faite des pleurs de Greuze
Et du sourire de Watteau.

Paris dans les brumes se plonge ;
Et le cabaret de Régnier[2]
Ne vaut pas une heure de songe
Sous les branches d'un châtaignier.

Les plus belles choses du rêve
Sont celles qu'admet l'antre frais,
Et que confusément achève
Le balancement des forêts.

Je comprends peu qu'on soit superbe
Et qu'il existe des méchants,
Puisqu'on peut se coucher dans l'herbe
Et qu'il fait clair de lune aux champs.

Toutes les fleurs sont un langage
Qui nous recommande l'amour,
Qui nous berce, et qui nous engage
À mettre dans nos cœurs le jour.

Les vagues robes brillantées,
Les seins blancs et les jeunes voix
Des Phyllis et des Galatées
Conseillent le rire et les bois.

28 octobre.

LA FIGLIOLA

Moins de vingt ans et plus de seize,
Voilà son âge ; et maintenant
Dites tout bas son nom : Thérèse,
Et songez au ciel rayonnant.

Quel destin traversera-t-elle ?
Quelle ivresse ? quelle douleur ?
Elle n'en sait rien ; cette belle
Rit, et se coiffe d'une fleur.

Ses bras sont blancs ; elle est châtaine ;
Elle a de petits pieds joyeux,
Et la clarté d'une fontaine
Dans son regard mystérieux.

C'est le commencement d'une âme,
Un rien où tout saura tenir,
Cœur en projet, plan d'une femme,
Scénario d'un avenir.

Elle ignore, elle est gaie et franche ;
Le dieu Hasard fut son parrain.
Elle s'évade le dimanche
Au bras d'un garnement serein.

Il est charmant, elle est bien faite,
Et Pantin voit, sans garde-fou,
Flâner cette Vénus grisette
Avec cet Apollon voyou.

Elle s'ébat comme les cygnes ;
Et sa chevelure et sa voix
Et son sourire seraient dignes
De la fauve grandeur des bois.

Regardez-la quand elle passe ;
On dirait qu'elle aime Amadis
À la voir jeter dans l'espace
Ses yeux célestes et hardis.

Ces blanches filles des mansardes,
Aux tartans grossiers, aux traits fins,
Ont la liberté des poissardes
Et la grâce des séraphins.

Elles chantent des chants étranges
Mêlés de misère et de jour,
Et leur indigence a pour franges
Toutes les pourpres de l'amour.

3 9bre.

RUPTURE
AVEC CE QUI AMOINDRIT[1]

Trêve à toutes ces vaines choses !
Vous êtes dans l'ombre, sortons.
Sans vous brouiller avec les roses,
Évadez-vous des Jeannetons.

Enfuyez-vous de ces drôlesses.
Derrière ces bonheurs changeants
Se dressent de pâles vieillesses
Qui menacent les jeunes gens.

Crains Manon qui te tend son verre ;
Crains le grenier où l'on est bien.
Perse, à l'alcôve de Néère,
Préférait l'autan libyen.

Ami, ta vie est mansardée ;
À ce petit ciel bas, plafond
De la volupté sans idée,
Les âmes se heurtent le front.

Le temps déforme la jeunesse
Comme un vieux décor d'opéra.
Gare à vous ! c'est par l'ivrognesse
Que la bacchante finira.

L'églogue serait indignée,
Dans vos noirs galetas sans jour,
De voir des toiles d'araignée
Au bout des ailes de l'Amour.

Le houx sacré, frère du lierre,
Que cueillait Plaute au fond des bois,
À Margoton trop familière
Eût dans l'ombre piqué les doigts.

L'antique muse tiburtine
Baisait les fleurs, le jasmin pur,
Le lys, et n'était libertine
Qu'avec les rayons, dans l'azur.

Vous avez autre chose à faire
Que d'engloutir votre raison
Dans la chanson qu'Anna préfère
Et dans le vin que boit Suzon.

Il est temps d'avoir d'autres fièvres
Que de voir se coiffer, le soir,
Lise, une épingle entre les lèvres,
Éblouissement d'un miroir.

Frère, l'heure folle est passée.
Debout, frère ! il est peu séant
D'attarder l'œil de sa pensée
À la figure du néant.

Laisse là Fanchon et Fanchette !
Fermons les jours faux et charmants.
L'honneur d'être un homme s'achète
Par ces graves renoncements.

Les amourettes énervantes
Fatiguent, sans les émouvoir,
Les âmes, ces grandes servantes
De la justice et du devoir.

Viens aux champs ! les champs sont sévères
Et pensifs plus que tu ne crois ;
Les monts font songer aux calvaires,
Les arbres font songer aux croix.

Oublions les soupers, les veilles,
Le vin, le brelan, l'écarté !
Viens noyer ton cœur aux merveilles
De l'immense sérénité !

Fuyez ; prenez votre volée.
Un peu plus, et nous traînerons

Notre rauque idylle éculée
Dans le ruisseau des Porcherons[2].

Ouvrez les ailes de vos âmes ;
Enfoncez le toit, s'il le faut ;
Les révélations, les flammes,
Et les ouragans sont là-haut.

Levez vos cœurs, levez vos têtes.
Allez où l'on a sur le front
Le vaste espace, les tempêtes,
Les étoiles, et pas d'affront.

Vous êtes faits comme les lyres,
Et pleins d'altiers frémissements ;
De profonds et vagues sourires
Vous appellent aux firmaments.

Viens, nous lirons les livres sombres
Des penseurs et des combattants,
Pendant que Dieu fera des ombres
Et des clartés dans le printemps.

Nous scruterons les maux, les guerres,
Et le creux fatal qu'a laissé
Le pied tragique de nos pères
Dans l'âpre fange du passé.

Nous examinerons les songes,
L'autel, les Korans, les clergés,
Les sceptres mêlés aux mensonges,
Les dieux mêlés aux préjugés.

Molière, au fourbe ôtant sa guimpe,
Mina Bossuet tant qu'il put ;
Pascal frappa ; Swift à l'Olympe
Offrit ce miroir, Lilliput.

Nous regarderons sur la terre
Ce tas d'erreurs que Beaumarchais,
Rabelais, Diderot, Voltaire,
Ont remué de leurs crochets.

Nous saluerons ces Diogènes
De la raison et du bon sens ;
Nous entendrons tomber les chaînes
Derrière ces divins passants.

Ô France, grâce à ces sceptiques,
Tu voyais le fond ; tu trouvais
Des ordures sous les portiques
Et sous les dogmes des forfaits.

Ces puissants balayeurs d'étable
Ont fait un lion d'un baudet ;
Dans leur cynisme redoutable
Un tonnerre profond grondait.

Sur l'homme dans l'ignominie
Ils jetaient leur rude gaîté,
Sachant que c'est à l'ironie
Que commence la liberté.

Dieu fait précéder, quand il change
En victime, hélas, le bourreau,
L'effrayant glaive de l'archange
Par le rasoir de Figaro.

La comédie amère et saine
Fait entrer Méduse en sortant,
Quand Beaumarchais est sur la scène,
Danton dans la coulisse attend.

Les railleurs sous leur joug lugubre
Consolent les âges de fer ;
Leur éclat de rire salubre
Déconcerte l'antique enfer.

Ils ont fait l'interrogatoire
Farouche, à travers le bâillon,
Des religions par l'histoire,
De la pourpre par le haillon.

Durs au bigot, fatals au cuistre,
Ils promènent à petit bruit

Une lueur gaie et sinistre
Dans le grand bagne de la nuit.

Escobar[3] est le chat qui rôde
Et fuit, mais Voltaire est le lynx.
Ils font, sans pitié pour la fraude,
Rire la Gaule au nez du sphinx.

Ces douteurs ont frayé nos routes,
Et sont si grands sous le ciel bleu
Qu'à cette heure, grâce à leurs doutes,
On peut enfin affirmer Dieu !

Leur rouge lanterne nous mène.
Ces contemplateurs du pavé,
En fouillant la guenille humaine,
Cherchaient le peuple, et l'ont trouvé.

Ils ont, dans la nuit où nous sommes,
Retrouvé la raison, les droits,
L'égalité volée aux hommes
En vidant les poches des rois.

Ils ont fait, moqueurs nécessaires,
Et plus exacts que Mézeray[4],
De la torsion des misères
Tomber goutte à goutte le vrai.

Ils ont nié la vieille Bible ;
Ces guérisseurs, ces factieux
Ont fait cette chose terrible :
L'ouverture de tous les yeux.

Ils ont, sur la cime vermeille,
Montré l'aurore au genre humain ;
Ils ont été la grande veille
Du formidable lendemain.

La révolution française
C'est le salut, d'horreur mêlé.
De la tête de Louis seize,
Hélas ! la lumière a coulé.

DANS UN VIEUX CHÂTEAU

N'ayons pas peur des noires tours.
Les roses recouvrent les tombes.
Aimons. Oublions les vautours,
Et souvenons-nous des colombes.

L'amour est fantôme en ce lieu ;
Ce doux revenant s'y promène ;
Parabère[1] y charma Chaulieu ;
Alceste y gronda Célimène.

Le baiser rit dans ce jardin ;
Et ce bois et cette colline,
Ayant vu le vertugadin,
Reconnaissent la crinoline.

Ayons une alcôve à trumeaux,
Ayons un lit à bergerade ;
Hier et demain sont jumeaux,
Jadis est notre camarade.

Qu'ils sont charmants, les vieux péchés !
Mêlons à nos vieilles chimères
Tous ces frais Cupidons cachés
Dans les jupons de nos grand'mères.

17 7bre 1861.

ÉCRIT SUR LE MUR DE VERSAILLES

Côté du cordon de sonnette de Louis XIV[1].

L'abject est illustre
Dans ce temps caduc.
Le duc sonne un rustre,
Le roi sonne un duc.

Siècle étrange ! il taille,
Sans mêler les rangs,
De la valetaille
À même les grands.

Il tient fous et sages
Au bout de son fil.
Il a deux visages,
Mais un seul profil.

Il a sur l'épaule
Dans le même sac
Le duc et le drôle,
Frontin et Fronsac[2].

Versailles, 10 août 1830.

À PROPOS D'UNE GRILLE DE BON GOÛT[1]

Le bon goût, c'est une grille.
Gare à ce vieux bon goût-là !
De tout temps, sous son étrille,
Pan, le bouc sacré, bêla.

Le goût classe, isole, trie,
Et, de crainte des ébats,
Met de la serrurerie
Autour de tout, ici-bas.

Il cloître, et dit : j'émancipe.
Il coupe, et dit : j'ai créé,
Être sobre est son principe,
Des malades agréé.

Il est cousin de l'envie.
Il est membre des sénats.
Il donne au cœur, à la vie,
La forme d'un cadenas.

Sur un Pinde jaune d'ocre,
À mi-côte, en l'art petit,
Il satisfait, médiocre,
Son absence d'appétit.

Devant le grand il recule.
Soit ! ce n'est point sans dégâts
Qu'on est touché par Hercule
Ou pris par Micromégas.

Contre toutes les folies,
Les chefs-d'œuvre, les rayons
Et les femmes trop jolies,
Il prend ses précautions.

Pour lui, l'idéal, le style,
L'homme, les bois, les oiseaux,
Ont pour but de rendre utile
Une paire de ciseaux.

Il fait les âmes jésuites,
Il fait les esprits pédants,
Et, tranquille sur les suites,
Dit : Prenez le mors aux dents !

Cul-de-jatte, sois lyrique !
Lièvre, deviens effréné !
Couvre-toi de roses, trique !
Macette, sois Evadné !

Taupe, allume le tonnerre.
Dompte, oison, les flots marins.
Ça, porte-moi, poitrinaire,
Deux cents kilos sur tes reins.

Crétin, lâche ton génie.
Glaçon, tâche d'avoir chaud.
Étreins ferme Polymnie
Entre tes deux bras, manchot.

S'abrutir est le précepte
Le plus clair du rituel.

C'est à force d'être inepte
Qu'on devient spirituel.

C'est là tout l'Art Poétique.
Galoper très bien, beaucoup,
Avec ce point pleurétique
Qu'on appelle le bon goût.

Le goût nous donne licence,
Fais tout ce que tu voudras.
Avec cette réticence
Que nous serons des castrats.

L'effet de son beau désordre
Rate, si nous oublions
Qu'une défense de mordre
Est intimée aux lions.

Définitions : Mesdames
Et messieurs, l'ancien bon goût,
C'est l'âne ayant charge d'âmes,
C'est Rien, grand-prêtre de Tout.

C'est bête sans être fauve,
C'est prêcher sans enseigner,
C'est Phœbus devenu chauve,
Qui tâche de se peigner.

L'échevelé l'exaspère.
Que lui veut cette toison
Désagréable et prospère
Du grand art, jeune à foison ?

Le goût, tondu, n'aime aucune
Chevelure en liberté.
Car un crâne a la rancune
D'un amoureux déserté.

Crânes nus, hommes sans flammes,
Souffrent, et sont indignés
De ces cheveux, de ces femmes
Qui les ont abandonnés.

L'EX-BON GOÛT[1]

Il n'a pas peur qu'on le prenne
Jamais en flagrant délit
Avec la fauve sirène
Qui traîne Eschyle en son lit,

Avec la nature immense,
Avec les halliers vivants,
Avec la nymphe en démence
Des flots, des bois et des vents.

Il ignore, en ses ivresses,
La Nuit, la Mort, la Douleur,
Qui mêlent, sombres déesses,
Les astres à leur pâleur.

Shakspeare dans l'attelage
Se cabre. — Où donc est le mal
De faire un petit grillage
Autour d'un tel animal ?

Si loin qu'aille son orgie,
Sa course sur les sommets,
Ses débauches d'eau rougie,
Il ne craint pas que jamais

Même après les plus complètes,
On conduise à Charenton
Son Hippogriffe à roulettes
Et son Pégase en carton.

V. PIÈCES DE L'ÉTÉ 1865
NON RETENUES POUR LES *CHANSONS*

MAUVAISES LANGUES[1]

Un pigeon aime une pigeonne.
Grand scandale dans le hallier
Que tous les ans mai badigeonne.
Une ramière aime un ramier.

Leur histoire emplit les charmilles.
Par les leurs ils sont compromis.
Cela se voit dans les familles
Qu'on est entouré d'ennemis.

Espionnage et commérage.
Rien ne donne plus d'âcreté,
De haine, de vertu, de rage
Et de fiel, qu'un bonheur guetté.

Que de fureur sur cette églogue !
L'essaim volant aux mille voix
Parle, et mêle à son dialogue
Toutes les épines des bois.

L'ara blanc, la mésange bleue,
Jettent des car, des si, des mais,
Où les gestes des hoche-queue
Semblent semer des guillemets.

« — J'en sais long sur la paresseuse,
Dit un corbeau, juge à mortier.
— Moi, je connais sa blanchisseuse.
— Et moi, je connais son portier.

— Certe, elle n'est point sauvagesse.
— Est-on sûr qu'ils sont mariés ?
— Voilà, pour le prix de sagesse,
Deux pigeons bien avariés. »

Le geai dit : Leurs baisers blasphèment.
Le pinson chante : Ça ira.
La linotte fredonne : Ils s'aiment.
La pie ajoute : Et cætera.

On lit que vers elle il se glisse
Le soir, avec de petits cris,
Dans le rapport à la police
Fait par une chauve-souris.

Le peuple ailé s'indigne, tance,
Fulmine un verdict, lance un bill.
Tel est le monde. Une sentence,
Redoutable, sort du babil.

Cachez-vous, Rosa. Fuyez vite
Loin du bavardage acharné.
L'amourette qu'on ébruite
Est un rosier déraciné.

Tout ce conte, ô belle ineffable,
Doit par vous être médité.
Prenez garde, c'est une fable,
C'est-à-dire une vérité.

9 août 1865.

Chantons le puissant amour,
Dieu du Gange et du Caÿstre[1],
Qui rend rêveur le vautour
Sur la montagne sinistre.

Chantons l'éternel enfant ;
Le grand dieu d'Apollodore,

Contre qui tout se défend,
Muses, et que tout adore !

Chantons l'amour, rêve, éclair ;
Le dieu qui crée et transforme,
Que cherche à travers la mer
Le souffle de l'hydre énorme.

Chantons l'amour, dieu du goût,
Le dieu sans guimpe et sans voiles,
Le dieu pas vêtu du tout,
Le va-nu-pieds des étoiles.

C'est l'amour qui fait songer
Salomon, Moschus[2], Terpandre[3],
Et Gentil-Bernard[4], berger
De vieux Sèvres, pâte tendre.

Chantons les sentiers discrets,
Les fenêtres peu fermées,
L'herbe, et les douces forêts ;
Chantons les femmes aimées.

De loin d'abord. Puis de près.
C'est ainsi que tout s'adore.
Dieu le fait toujours exprès.
L'âme est sujette à l'aurore.

Le sort serait sombre et vain
Sans les femmes qu'il faut suivre.
Aimer, dans le plan divin,
Est le correctif de vivre.

Doux fantômes enchantés,
Sous les arbres elles glissent.
Ces passages de clartés
Confusément éblouissent.

On admire, Adam trouva
Ève errante sur la terre.
Et l'on tremble, et l'on s'en va
À vau-l'eau dans le mystère.

On ne sait plus ce qu'on veut.
Ivre, on laisse son cœur sombre
S'orienter comme il peut
Dans ce carrefour de l'ombre.

On rencontre enfin, hagard,
Éperdu, charmé, farouche,
Dans ce mystère un regard
Et dans ce rêve une bouche.

Et l'on est des insensés
Fort enviés par les sages.
C'est bien. Ô forêts, croissez,
Épaississez-vous, feuillages.

Rolandseck, 29 août 1865.

Le marquis de Bade a deux cornes[1] ;
Il en décore son blason.
Je désire peu que tu m'ornes
De cette parure, ô Suzon.

Belle, tu n'as point d'armoiries,
Mais ton doux rire est enchanteur ;
Bois aux sources, jamais taries,
Et crois au ciel, jamais menteur.

Ces princes, que l'ombre enveloppe,
Avaient toujours l'épée en main ;
Ils conquéraient souvent l'Europe,
Et quelquefois le grand chemin.

Guerre au dehors, guerre civile,
Tout plaisait à ces hasardeux ;
Calmes, ils laissaient dans leur ville
Leur femme, avec un page ou deux.

Ces fiers badois au pied allègre
Firent la guerre aux fils d'Orcan,

Au négus, magot chrétien nègre,
Au grand Knez, cousin du grand Khan,

Aux pays de neige et de sable,
À Vienne, où régnait le dauphin,
À Chypre, à Zante, à Rome, au diable ;
Ils voyagèrent tant qu'enfin

Ces marquis, sujets aux absences,
Jaloux des cornes du bison,
Ajoutèrent ces excroissances
À la grandeur de leur maison.

Bade, 10 septembre 1865.

Quand de Chambord on approche
La Sologne a peu d'éclat ;
C'est un paysage plat
Comme punaise et Baroche[1].

Pourtant plus loin, on peut voir
Plus de bois et moins de plaines,
D'anciens donjons, et le soir
De clairs étangs sous les chênes.

J'habite à Romorantin[2]
Un bon vieux grenier fidèle
Où mon âme, le matin,
Voisine avec l'hirondelle.

Si l'on veut savoir mes goûts,
J'aime Homère, Glück, Shakspeare,
Le chant celte Ananigous
Et voir des inconnus rire.

J'aime les cœurs sans souci,
Les fleurs, la vieille fayence,
Les prés, l'aube, et j'aime aussi
Les grenadiers de Mayence.

D'abord mon père en était ;
Ensuite ils furent sublimes.
J'écoute, quand tout se tait,
Les voix du vent sur les cimes.

Je suis sauvage et reclus.
Je bois de l'eau ; si je mange,
C'est presque, mais rien de plus.
Je suis fauve, épars, étrange.

La loi des bois est ma loi ;
Sous leurs vertes astragales,
J'erre, et je n'ai rien à moi
Que la chanson des cigales.

J'y passe un peu pour un fou,
L'opinion générale
Est que je n'ai pas le sou,
Nudité fort immorale.

Je suis gueux, presque manant,
Mal chaussé, vêtu de pièces,
Misérable ; et maintenant
Ouvrez l'Hélicon, déesses !

1865.

LE MANUSCRIT

Le 31 août 1881, Hugo stipulait par testament : « Je donne tous mes manuscrits et tout ce qui serait trouvé écrit ou dessiné par moi à la Bibliothèque nationale de Paris, qui sera un jour la Bibliothèque des États-Unis d'Europe. »

Le manuscrit des *Chansons des rues et des bois* (263 fos.) a été enregistré sous la cote : nouvelles acquisitions françaises 24.737. (Le notaire, Me Gâtine, chargé de l'inventaire, lui avait donné le n° 86). Comme tous les manuscrits de Hugo, il s'agit d'un manuscrit d'apparat, écrit sur de grandes feuilles de papier dont seul le recto est utilisé, le texte étant copié sur la partie droite de la page (la partie gauche est destinée aux additions, souvent nombreuses, et aux réfections). Toutes les variantes ont été reproduites par René Journet et Guy Robert dans leurs *Notes sur les « Chansons des rues et des bois »* (voir notre « Note bibliographique », p. 409).

Un « Reliquat » (n.a.f. 24.788) contient quelques-unes des pièces qui furent écartées du recueil ou qui y sont plus ou moins apparentées ainsi que divers documents, y compris la copie faite par Victoire Étasse (voir son contenu p. 340).

Il existe des ébauches dans deux carnets de Victor Hugo. L'un (n.a.f. 13.450) correspond au séjour à Serk, au printemps de 1859, l'autre (n.a.f. 13.343) au voyage de l'été 1865. Tous deux ont été étudiés par Jean-Bertrand Barrère dans son *Victor Hugo à l'œuvre*.

NOTE BIBLIOGRAPHIQUE

L'édition originale porte les mentions suivantes : VICTOR HUGO /
– / LES CHANSONS / DES RUES ET DES BOIS / – / PARIS / LIBRAI-
RIE INTERNATIONALE / 15, Boulevard Montmartre, 15 / Au coin
de la rue Vivienne / A. LACROIX, VERBOECKHOVEN ET Cⁱᵉ,
ÉDITEURS / À BRUXELLES, À LEIPZIG ET À LIVOURNE / – / 1866 /
Droits de traduction et de reproduction réservés. Le livre fut annon-
cé dans la *Bibliographie de la France* le 4 novembre 1865. La
mention : Bruxelles, Typ. A. Lacroix, Verboeckhoven et Cⁱᵉ,
distingue le tirage belge du tirage français qui porte : Impr.
J. Claye. C'est cette édition que nous reproduisons, à l'exception de
neuf erreurs typographiques que nous avons corrigées, et qui se
trouvent toutes dans la deuxième partie à l'exception de la faute
d'accent sur Caÿstre, p. 46 (l'originale n'ayant pas le tréma, le vers
est faux) : p. 244 : *la Phryné* au lieu de *sa Phryné* ; p. 247 : *à
poignées.* au lieu de *à poignées,* ; p. 257 : *linotte ;* au lieu de *lino-
te :* ; p. 272 : *dans les cieux* au lieu de *dans les cieux,* ; p. 274 : *en
passant* au lieu de *en passant,* ; p. 283 : *typhon.* au lieu de *typhon,* ;
p. 293 : *césar.* au lieu de *césar,* ; p. 310 : *sa vertu* au lieu de *la vertu.*
Parmi les éditions plus récentes, on signalera :

1. L'édition dite « de l'Imprimerie nationale » (Ollendorff, 1933)
qui contient un important « reliquat ».

2. L'édition procurée par Jacques Seebacher, avec une préface
vigoureuse et stimulante (Garnier-Flammarion, 1966).

3. L'édition dite « chronologique » du Club français du livre
(t. XII, 1969), avec une préface de Jean-Luc Mercié, des notes de
Jean Massin, et la totalité des poèmes qui, de près ou de loin, se
rattachent aux *Chansons.*

4. L'édition procurée par Pierre Albouy, au t. III des *Œuvres
poétiques* de Victor Hugo dans la Bibliothèque de la Pléiade (Galli-
mard, 1974).

On y ajoutera le livre de René Journet et Guy Robert : *Notes sur* les « *Chansons des rues et des bois* » (Annales littéraires de l'Université de Besançon — Les Belles Lettres, 1973) qui serait la première et la seule édition totalement critique si, paradoxalement, ne manquait le texte.

Parmi les études sur les *Chansons*, celles de Jean-Bertrand Barrère se distinguent par leur originalité, leur lucidité et leur élégance. On citera en particulier sa monumentale *Fantaisie de Victor Hugo* (2ᵉ édition, Klincksieck, 3 vol., 1972 et 1974) et, dans son *Victor Hugo à l'œuvre* (Klincksieck, 1965), les chapitres intitulés : « Un printemps dans l'île de Serk (1859) », et « Un été en Belgique, en Allemagne et au Luxembourg (juillet-octobre 1865) ».

NOTES

René Journet et Guy Robert ont annoté le texte des *Chansons des rues et des bois* avec une précision inégalable (*Notes sur les « Chansons des rues et des bois »*, Annales littéraires de l'Université de Besançon, Belles Lettres, 1973). Il n'était pas question ici de les imiter. Nous nous sommes contenté de ce que nous croyons indispensable, ce qui n'a, d'ailleurs, diminué en rien notre dette envers nos prédécesseurs, puisqu'ils avaient tout dit. Que l'on considère simplement que la plupart des notes devraient être précédées de la mention : « Selon Journet et Robert... »

La discrétion imposée par les limites de la collection a des avantages non négligeables. Beaucoup de noms propres (et même parfois des noms que l'on dit communs) ne sont pas identifiables ou paraissent étrangers à leur contexte, pour la simple raison que Hugo ne recherche pas une totale transparence mais des *effets* que des approximations permettent d'obtenir, souvent, mieux que des références précises. Si nous négligeons, par exemple, d'éclairer par une note Pratérynnis, c'est que la simple lecture transmet la totalité du message. Il en va de même pour Jeanne, Sylvanire, et beaucoup d'autres.

LE CHEVAL

Page 35.

1. *Alérion* : en termes de blason, petite aigle. En adoptant l'usage ornithologique (vieilli), Hugo fait de Pégase un grand aigle.

Page 36.

2. *Raphidim* : Pégase fit jaillir la source Hippocrène (« la source du cheval ») en frappant de son sabot le sol du mont Hélicon. C'est

à Raphidim que Moïse apaisa la révolte des Hébreux en frappant de son bâton le rocher d'Horeb.

3. *Endor* : la pythonisse d'Endor, en Palestine, prédit à Saül sa défaite et sa mort.

Page 40.

4. *Maître* : nommé « maître divin » dans *Les Voix intérieures*, le Virgile des *Bucoliques* et des *Géorgiques* est un modèle plus sérieux que les poétereaux comme Racan (1589-1670), Chaulieu (1639-1720) ou Segrais (1626-1701).

ORPHÉE, AUX BOIS DU CAŸSTRE...

Page 46.

1. *Caÿstre* : bien que ce fleuve d'Asie Mineure n'appartienne pas précisément à la légende d'Orphée, Homère et Virgile évoquent tous les deux les oiseaux qui se pressent sur ses bords.
2. *Phygalé* : ni Phtas, ni Phygalé ne sont attestés sous cette forme. On retiendra cependant la coloration égyptienne (sibylle thébaine). Il existe, dans le panthéon égyptien, un dieu Phta ou Phthas.

ΨΥΧΗ

Page 48.

1. *Paraclet* : le Paraclet désigne le Saint-Esprit.

Page 49.

2. *Ithuriel* : Ithuriel est, dans le *Paradis perdu* de Milton, un des archanges.

LE POÈTE BAT AUX CHAMPS

Page 50.

1. *Amyntas* : la juxtaposition du nom d'Amyntas, personnage des *Bucoliques* de Virgile, et de celui d'un village de la banlieue de Paris (Vaugirard) conduit à une série d'oppositions entre les termes appartenant à l'antiquité gréco-latine (Haliarte et Coronée sont des villages de Béotie, l'Hybla une montagne sicilienne, Banduse – pour Bandusie – une source chantée par Horace, le Tempé une vallée de Thessalie, l'Ida une montagne de Crète, lieu de naissance

de Zeus, Callirhoé une nymphe, Abydos une ville égyptienne) et des mots évoquant la banlieue parisienne (Pontoise, Palaiseau, Sèvre(s), Montreuil, Montfermeil, Bercy — symbolisant ici les entrepôts vinicoles —, Ivry, la Beauce).

Page 52.

2. *Tortoni* : Tortoni, célèbre café parisien dont on vante les glaces, est le lieu de rendez-vous des célébrités du monde financier, littéraire et politique, et des élégants de la Chaussée d'Antin. Il a laissé de nombreuses traces dans la littérature du XIXᵉ siècle, de Mrs. Trollope à Flaubert, en passant par Balzac et Banville.

3. *Brunet* : Brunet (1766-1851), pitre célèbre, était, en 1865, totalement oublié. On ne se souvenait plus guère non plus de l'actrice dont le nom permet ce jeu de mots, Françoise-Flore Corvée, dite Mlle Flore (1790-1853) qui, comme Brunet, joua aux Variétés.

Page 53.

4. *Damilaville* : Étienne-Noël Damilaville (1721-1768), ami et correspondant de Voltaire, collaborateur occasionnel de l'*Encyclopédie* et écrivain médiocre, était, selon d'Holbach, le gobe-mouches de la philosophie.

Page 54.

5. *Vanve* : Vanve(s) Ville-d'Avray, Triel, Asnière(s), Gif, Nanterre, Vincenne(s) : les localités de la région parisienne sont maintenant contrebalancées par des éléments antiques fort disparates, Platon, les cupidons, Pan, l'Hémus (montagne de Thessalie que l'on associe parfois à Orphée), Faune, Aristophane, et le poète bucolique Moschus pour lequel Hugo semble avoir une tendresse particulière.

INTERRUPTION

Page 56.

1. *Lycoris* : personnage des *Bucoliques* de Virgile. Le texte primitif du manuscrit était plus explicite : *Et je vis ta Lycoris,/ Virgile, et ma Turlurette.*

GENIO LIBRI

Page 59.

1. *Familier* : « l'esprit familier », aux connotations socratiques, est ici le « génie du livre », et non le « génie du lieu »

cher aux poètes. C'est à lui que le poème est dédié (*Genio libri*).

2. *Campistron* : Jean-Galbert de Campistron (1656-1723), romancier et dramaturge, fut toujours pour Hugo le symbole de la décadence classique :

> Sur le Racine mort, le Campistron pullule.
>
> (*Contemplations*, I, 7.)

Page 60.

3. *Alphésibée* : un des bergers de la huitième *Bucolique* ou, plutôt, une nymphe poursuivie par Dionysos.

PAULO MINORA CANAMUS

Page 65.

1. Allusion au premier vers de la quatrième *Bucolique* : *Paulo majora canamus*. Virgile voulait hausser le ton ; Hugo, lui, recherche des sujets plus humbles.

RÉALITÉ

Page 68.

1. *Dombasle* : Christophe Mathieu de Dombasle (1777-1843), inventeur d'une charrue perfectionnée, n'est pas indigne de cette comparaison avec Triptolème, que Cérès avait initié aux mystères de l'agriculture.

2. *Bottom* : Le nom de Bottom, le personnage grotesque du *Songe d'une nuit d'été*, signifie « derrière ».

PAUPERTAS

Page 73.

1. *Scaurus* : un livre de F. Mazois, publié en 1819 et réédité en 1859, décrit *Le Palais de Scaurus*, maison somptueuse dont a parlé Pline l'Ancien dans son *Histoire naturelle* (XXXVI, 24).

HILARITAS

Page 78.

1. *Jarnicoton* : Littré ne connaît que Jarni, Jarnidieu, Jarniquieu.

MEUDON

Page 79.

1. *Bréda* : Bréda désigne le quartier de Paris, près de Notre-Dame de Lorette, que fréquentaient les femmes galantes.

2. *Opéra* : dans la littérature du XIXᵉ siècle, le bal de l'Opéra est souvent représenté comme un lieu de perdition.

Page 83.

3. *Ida* : le brouillard est celui dont Zeus couvre ses amours avec Héra, au chant XIV de l'*Iliade*.

4. *Rabelais* : en 1551, Rabelais reçut en bénéfice la cure de Meudon.

BAS À L'OREILLE DU LECTEUR

Page 84.

1. *Lola :* peut-être s'agit-il de Lola Montès, l'aventurière célèbre qui fut, un temps, la maîtresse du roi Louis Iᵉʳ de Bavière (on retrouve celui-ci dans le poème suivant, au vers 113). Elle mourut en 1861.

SENIOR EST JUNIOR

Page 85.

1. *Soulavie* : J. L. Giraud Soulavie (1752-1813), auteur des « Mémoires » du duc de Richelieu et d'une *Histoire de la décadence de la Monarchie française*, fut un historien particulièrement contesté. Cette première déviation par rapport à la source (l'opposition avec Tacite) illustre le titre : « Le plus ancien est le plus jeune ».

2. *Hercle* : dans *Les Misérables* (IV, XI, 4), Bahorel révèle à Gavroche qu'Hercle (littéralement par Hercule !) signifie « sacré nom d'un chien en latin ».

3. *Séguier* : plusieurs Séguier furent chanceliers de France et eurent, modernes Minos, à statuer sur des affaires criminelles. Il est impossible de décider de qui il s'agit.

Page 86.

4. *Ézéchiel* : Voltaire, avant Hugo, s'est étonné des « étranges mets » proposés par Dieu au prophète Ézéchiel (*Éz.* IV, 12-15).

Page 87.

5. *Lindor* : c'est le trio du *Barbier de Séville* de Beaumarchais : le vieux Bartholo, barbon ridicule, veut épouser sa pupille, Rosine, qui est amoureuse de l'écolier Lindor, en réalité le comte Almaviva.

6. *Rhodope* : aucune tradition ne relate une visite de Rhodope, courtisane devenue reine d'Égypte, au prophète Amos. Le passage est d'ailleurs une mosaïque de noms propres assemblés avec une

désinvolture souveraine. Il existe bien une Amestris, mais elle était l'épouse de Xerxès : sa cruauté est cependant attestée par Hérodote. Oxus est un nom de fleuve, Jod une lettre de l'alphabet hébreu, Phur n'est pas attesté (mais les Cinq Sodomes le sont, dans le dictionnaire de Moréri que possédait Hugo), Starnabuzaï est, dans la Bible (*Esdras*, V, 3 et 6), un nom d'homme, Ségor est un nom de ville, Chramnès est peut-être un nom inventé par Hugo.

Page 89.

7. *Nonotte* : le nom de Nonotte (1711-1793), jésuite adversaire de Voltaire, revient souvent sous la plume de Hugo.

8. *Bavière* : voir p. 84, n.1. Peut-être est-ce Lola qui se cache derrière cette Carmen.

Page 90.

9. *Bernis* : bien que le cardinal de Bernis (1715-1794) soit célèbre par ses poésies légères et, grâce aux mémoires de Casanova, par ses aventures galantes, on ne lui connaît pas de liaison avec la Camargo (1710-1770), danseuse célèbre, héroïne des *Marrons du feu* de Musset. Le *quos ego*, terrible menace que, dans l'*Énéide*, Neptune adresse aux vents déchaînés, ne peut être, dans ce contexte, que « balbutié ».

10. *Ems* est une ville d'eaux allemande ; *Hafiz* un grand poète persan qui vécut au XIVe siècle et le *chibouque* une pipe à long tuyau utilisée en Turquie.

Page 91.

11. *Barême* : Barême (ou Barrême), comptable ayant vécu au XVIIe siècle, conquit l'immortalité au XIXe siècle : son nom fut accepté comme nom commun par l'Académie française en 1842.

12. *Webre* : cette graphie étrange du nom de Weber rappelle irrésistiblement le vers de Nerval (« Fantaisie ») dans lequel Weber garde son orthographe mais rime avec funèbre.

13. *Anonymas* : en 1864 était parue la traduction d'un roman anglais sous le titre : *Une autre biche anglaise, histoire authentique d'Anonyma*. D'après le préfacier, Anonyma serait « le nom générique de toutes les femmes du demi-monde en Angleterre ».

Page 92.

14. *Amathonte* : ville et temple de Vénus. Hugo se souvient de deux vers de La Fontaine : « Toute la cour d'Amathonte / Étant à Bois-le-Vicomte » qu'il cite inexactement dans *Promontorium*

Somnii. Le mot « dettier », peu attesté, désignait les condamnés pour dettes que l'on enfermait à Sainte-Pélagie.

15. *Calzado* : Torivio Calzado, directeur du Théâtre italien de Paris, avait eu des démêlés avec Hugo à l'occasion des représentations du *Rigoletto* de Verdi. En 1863, il avait été condamné à une peine de prison pour avoir triché au jeu. D'où cette variation très personnelle sur le thème de la forêt de Bondy, repaire de brigands.

16. *Botot* : inventeur, en 1755, de l'eau dentifrice qui porte son nom, et que l'on dit agréablement parfumée.

Page 93.

17. *Bernard* : Samuel Bernard, le grand banquier à qui le Roi-Soleil lui-même faisait la cour.

Page 94.

18. *Turcaret* : personnage de la pièce de Lesage qui porte son nom.

JEANNE CHANTE ; ELLE SE PENCHE...

Page 103.

1. *Bavolet* : le bavolet était un ruban ou un morceau d'étoffe que l'on fixait derrière un chapeau. On se souvient de la pièce de clavecin de François Couperin : *Le Bavolet flottant.*

DUEL EN JUIN

Page 106.

1. *Saguet* : le « cabaret de la mère Saguet », que Hugo fréquenta dans sa jeunesse, apparaît dans *Les Contemplations* et *Les Misérables.*

Page 107.

2. *Joubert* : Joubert (1769-1799), général en chef des armées de la République, fut tué à la bataille de Novi. Ses exploits « sur l'Adige », au cours de la campagne d'Italie de 1796 avaient été éclipsés par ceux d'un autre général, dont le nom pouvait difficilement être prononcé ici, et pas seulement à cause des quatre syllabes.

LA NATURE EST PLEINE D'AMOUR...

Page 109.

1. *Orgon* : pour illustrer le « conflit des générations » de l'hiver et du printemps, Hugo a croisé ici les personnages du *Tartuffe* (Orgon et Marianne) avec ceux du *Malade imaginaire* (Argan et Angélique).

AMI, J'AI QUITTÉ VOS FÊTES...

Page 111.

1. *Alcée* : on ne connaît que quelques fragments de ce contemporain de Sapho. Poète guerrier et satirique, il passe pour avoir composé des poèmes fort licencieux. On trouvera, neuf strophes plus loin, Terpandre, un autre poète originaire de Lesbos, qui aurait ajouté à la lyre sa septième corde. Il est douteux que Virgile ait jamais eu l'occasion d'errer sur l'Hémus (ancien nom de la chaîne des Balkans), mais il en parle dans les *Géorgiques*.

LES ÉTOILES FILANTES

Page 117.

1. *Argyraspides* : soldats d'élite de l'armée d'Alexandre, portant des boucliers d'argent. Apollinaire se souviendra d'eux dans *La Chanson du Mal-Aimé*.

2. *Sabaoth* : armées, et non « dieu des armées » comme Hugo semble le croire.

Page 121.

3. *Canezout* : le canezou, vêtement de femme, est ici doté d'un *t* qui, en rendant la rime plus plaisante à l'œil, rappelle l'étymologie fantaisiste proposée dans *Les Misérables* : « Corruption du mot quinze-août prononcé à la Canebière. »

JOUR DE FÊTE

Page 128.

1. *Surène* : célèbre depuis le XVIe siècle, le vin de Suresnes (près de Paris) est décrit par le *Grand Dictionnaire universel* de Pierre Larousse comme «âpre, dur, très laxatif et très médiocre ».

2. *Mitraille* : les traces de balles rappellent la défense de la barrière de Clichy, le 30 mars 1814, par les invalides commandés par le maréchal Moncey.

LISBETH

Page 131.

1. *Juste Lipse* : comment ne pas « perdre pied » dans ce tourbillon où Sénèque, Virgile et Platon côtoient un apologiste chrétien de la fin du IIIᵉ siècle (Lactance), un archevêque de Tolède du VIIᵉ siècle (saint Ildefonse), l'archevêque de Milan qui, au IVᵉ siècle, régla les chants liturgiques et écrivit de nombreux traités de morale et de théologie (saint Ambroise), et un érudit belge de la fin du XVIᵉ siècle (Juste Lipse) ?

CHELLES

Page 133.

1. *Chelle* : Chelle(s), petite bourgade à l'est de Paris, est lié à un épisode mystérieux de la vie de Victor Hugo, commémoré par un dessin : « Souvenir de Chelles, 1865 ».

2. *Roch* : saint Roch est souvent représenté accompagné du chien qui lui sauva la vie.

DIZAIN DE FEMMES

Page 137.

1. *Bondy* : voir p. 92, n. 15.

2. *Chapron* : c'est une boutique de la rue de la Paix, « À la Sublime Porte », où l'on vendait les « mouchoirs de Chapron ». Quant aux chapeaux, on les achetait chez d'Herbault, « fournisseur des cours étrangères ».

Page 138.

3. *Gros de Tours* : le gros de Tours (étoffe de soie à gros grain fabriquée à Tours) est dit *flambé* lorsqu'il est orné de fleurs dont les teintes se fondent.

L'ENFANT AVRIL EST LE FRÈRE...

Page 146.

1. *Gretna-Green* : le forgeron de Gretna Green (petit village écossais à la frontière de l'Angleterre) exerçait le privilège de marier sans formalités ceux qui se présentaient à lui.

POST-SCRIPTUM DES RÊVES

Page 148.

1. *Plotin* : encore une de ces listes hétérogènes où Jamblique et Plotin, qui évoquent la philosophie néo-platonicienne, entourent un obscur rhéteur, d'origine orientale, qui vécut à Athènes au IIIe siècle (Callinique), et un Père de l'Église. L'identité de ce Callinique n'est d'ailleurs pas absolument sûre. Il pourrait s'agir de Callinas, poète lyrique du VIIe siècle avant Jésus-Christ.

Page 149.

2. *Litharge* : protoxyde de plomb cristallisé utilisé, au XIXe siècle, pour falsifier le vin rouge.

3. *Chaumière* : le bal de la Grande-Chaumière, au coin du boulevard Raspail et du boulevard du Montparnasse, avait été fondé en 1783 et ne cessa d'être en vogue que vers 1853. On y dansait dans un vaste jardin où étaient installés des baraques de tirs, des montagnes russes et divers jeux. A la Grande-Chaumière furent créés, entre autres, la polka et le cancan.

Page 150.

4. *Campaspe* : Campaspe fut, selon la tradition, aimée d'Alexandre et aurait ridiculisé Aristote en lui faisant prendre cette position humiliante. Cette anecdote hautement morale, après avoir inspiré maints sculpteurs de chapiteaux romans, entra dans la littérature au XIIIe siècle, par l'entremise d'Henri d'Andeli, auteur du *Lai d'Aristote*.

Page 151.

5. *Chauve* : on pourrait, pour gloser ce vers mystérieux, citer une phrase de *Mille francs de récompense* : « Un homme chauve. Dans un endroit où il y a des femmes ! Attention. »

LE CHÊNE DU PARC DÉTRUIT

Page 156.

1. *Lauzun* : l'histoire de Lauzun, se cachant sous le lit de Mme de Montespan pour écouter sa conversation avec Louis XIV, est racontée par Saint-Simon.

2. *Lachaise* : le père de La Chaise fut confesseur de Louis XIV de 1674 à 1709.

Page 158.

3. *Soleil* : Mme de Maintenon (Françoise d'Aubigné), avant d'être morganatiquement unie à Louis XIV, avait été l'épouse du poète Scarron, qui était cul-de-jatte.
4. *Rhingraves* : la rhingrave, vaste haut-de-chausses recouvert d'une courte jupe, fut à la mode dans les premières années du règne de Louis XIV.
5. *Titon du Tillet* : Titon du Tillet (1677-1762) avait édifié la maquette d'un monument destiné à glorifier les musiciens et les écrivains du siècle de Louis XIV. Il commenta ce projet dans son *Parnasse français* (1732).

Page 159.

6. *Bâville* : les listes de courtisans ne sont pas plus cohérentes que les autres, et l'identification exacte importe peu. Il se peut que Tavannes soit un des instigateurs de la Saint-Barthélemy, Bâville un intendant du Languedoc dur aux huguenots, et que « l'affreux chancelier » soit Michel Le Tellier, dont Bossuet prononça l'oraison funèbre. Chamillard (1652-1721) ne fut, semble-t-il, qu'un courtisan médiocre.

Page 160.

7. *Batteux* : l'abbé Batteux (1713-1780) incarnait pour Hugo le type du rhétoricien obtus et pédant. Il fut, en réalité, un remarquable théoricien du néo-classicisme.

Page 161.

8. *D'Aubigné* : Françoise d'Aubigné, veuve Scarron, marquise de Maintenon (voir p. 158 n. 3), était la petite-fille du grand poète huguenot, Agrippa d'Aubigné. Elle joua un rôle décisif, semble-t-il, dans la décision prise par Louis XIV d'abolir l'édit de Nantes.

Page 162.

9. *Cotillons* : c'est le règne de Louis XV, et des trois femmes qui règnent successivement sur lui : Mme de Châteauroux, Mme de Pompadour et Mme du Barry.

Page 163.

10. *Dangeaux* : le marquis de Dangeau, auteur d'un *Journal de la cour de Louis XIV.*

Page 164.

11. *Boufflers* : « Jasant avec la Boufflers » remplace une version primitive différente : « Caquetant avec Boufflers », ce qui montre, une fois de plus, la désinvolture de Hugo dans l'emploi des noms propres. Les deux Roquelaure (père et fils) sont décrits par Saint-Simon comme ridicules et sans scrupules. Le duc de Boufflers (1644-1711) fut contemporain des deux Roquelaure. Quant à la Boufflers (la duchesse ?), inventée pour les besoins du vers, on ne sait naturellement rien sur elle : il y eut aussi une marquise de Boufflers qui fut amie de Voltaire.

12. *Antin* : fils de Mme de Montespan et (une fois n'est pas coutume) de son mari, Louis de Pardaillan de Gondrin, comte d'Antin (1665-1736), le duc d'Antin, directeur des Bâtiments du roi, fit abattre tout un massif d'arbres qui, à Fontainebleau, avait déplu à Louis XIV.

ÉCRIT EN 1827

Page 171.

1. *Hampden* : Hampden et Brutus représentent la lutte victorieuse contre la royauté, l'un (1594-1643) étant un des adversaires les plus déterminés de Charles Ier d'Angleterre, le second ayant chassé de Rome son dernier roi, Tarquin le Superbe.

Page 172.

2. *Sanglante* : on a dit que le 1827 du titre dissimulait à peine un 1857 et que ce poème était un poème d'actualité. La rue « sanglante » évoque probablement le coup du 2 décembre (il n'y eut rien de tel en 1827) et l'appel aux cosaques de la strophe suivante fait allusion, selon Jean Massin, à un document émanant du bonapartiste Romieu, qui menaça d'avoir recours aux Russes pour écraser l'anarchie en France. Le Second Empire est encore présent dans les allusions aux « noms impurs » et à l'Arétin (Hugo a toujours stigmatisé les mœurs relâchées des milieux dirigeants) et même dans les « La Feuillade », plus courtisans que guerriers : le père, François d'Aubusson (1625-1691), avait remporté effectivement quelques victoires, mais le fils, Louis d'Aubusson, fut un piètre soldat. Sous la

Restauration, en revanche, il y avait encore quelques grands survivants de l'épopée napoléonienne. Le retour à 1827 se fait à la fin de la deuxième section, lorsque apparaissent les deux acolytes, Talleyrand, « prince de Bénévent », et Fouché qui, en 1789, était principal du collège de Nantes. Mais ce dernier était mort depuis 1820.

Page 173.

3. *Clapier* : selon Littré, clapier signifiait autrefois : lieu de prostitution.

CONFIANCE

Page 202.

1. *Saint-Preux* : le Léandre qui accompagne ici Saint-Preux, le héros du roman de Rousseau, *La Nouvelle Héloïse*, peut être identifié comme le protagoniste de la légende grecque qui mourut noyé en essayant de rejoindre son amante, ou tout aussi bien comme le personnage traditionnel de la comédie italienne et française. A la strophe 6, l'*Hypanis* (aujourd'hui le Boug) est le fleuve qui apparaît dans l'épisode d'Orphée des *Géorgiques* (fin du livre IV).

Page 203.

2. *Œil-de-bœuf* : les *Chroniques de l'Œil-de-bœuf*, publiées entre 1829 et 1833 par Touchard-Lafosse, sont un ramassis de ragots apocryphes sur les coulisses de la cour de France. Le nom de Fronsac, duc de Richelieu (1694-1788), grand seigneur débauché, revient à plusieurs reprises sous la plume de Hugo. Les *piliers des Halles* sont les rues à arcades de l'ancien marché des Champeaux détruites lors de la construction des pavillons de Baltard.

LE NID

Page 206.

1. *L'Hékla* est un volcan d'Islande.

À UN VISITEUR PARISIEN

Page 219.

1. *De Maistre* : l'éloge du bourreau, dans les *Soirées de Saint-Pétersbourg* de Joseph de Maistre, a beaucoup impressionné Victor Hugo, qui en a tiré une épigraphe pour un chapitre de *Han d'Islande*.

Page 220.

2. *Tibicine* : sur ce néologisme de formation irrégulière (*tibicina*, en latin, signifie joueuse de flûte) voir l'article de Michael Riffaterre, « Poétique du néologisme », dans *Cahiers de l'Association internationale des études françaises,* n° 25, mai 1973.

Page 221.

3. *Frayssinous* : Mgr Frayssinous fut, sous la Restauration, grand maître de l'Université, puis ministre des Affaires ecclésiastiques et de l'Instruction publique.

DÉNONCIATION DE L'ESPRIT DES BOIS

Page 223.

1. *Bréguet* : Abraham Bréguet (1747-1823), horloger et mécanicien célèbre.

RÉPONSE À L'ESPRIT DES BOIS

Page 225.

1. *Mayeux* : Mayeux, figure inventée par le caricaturiste Charles Traviès (1804-1859). Hugo l'évoque à plusieurs reprises, en particulier dans *Les Misérables* (III, I, 10) : « Comme Polichinelle, ce personnage mal équarri était bossu. »

L'OUBLI

Page 230.

1. *Gagelin* : maison de soieries et de cachemires.

Page 237.

1. *Ama, crede* : Aime, crois. Cette inscription latine a été gravée dans l'entrée de Hauteville-House, la maison guernesiaise de Victor Hugo, le 25 janvier 1859.

L'ÉGLISE

Page 241.

1. *Saxon* : il faut sans doute comprendre « roman », l'assimilation entre « roman » et « saxon » étant fréquente à l'époque romantique.

Page 243.

2. *Saqui* : Mme Saqui (1796-1866), célèbre funambule, fut « première danseuse de S. M. Empereur et Roi » (Napoléon Ier). Elle avait dansé sur une corde tendue entre les tours de Notre-Dame.

Page 246.

3. *Colletet* : François Colletet fut une des victimes de Boileau. On le confond souvent avec son père, Guillaume Colletet (1598-1659), qui fut un des premiers membres de l'Académie française et l'un des porte-plume de Richelieu.

OH ! LES CHARMANTS OISEAUX JOYEUX !...

Page 252.

1. *Velléda* : prophétesse qui, selon Tacite, joua un rôle important dans le soulèvement de la Germanie contre les Romains. Chateaubriand en fit, dans *Les Martyrs*, une prophétesse celtique.

2. *Ithuriel* : voir p. 49, n. 2.

COMÉDIE DANS LES FEUILLES

Page 255.

1. *Lakiste* : les poètes lakistes anglais étaient connus en France sous ce nom depuis l'article de Sainte-Beuve sur *Le Voyage historique et littéraire en Angleterre et en Écosse* d'Amédée Pichot (*Le Globe*, 1825).

Page 257.

2. *Héraclite* : le couple antithétique Héraclite-Démocrite, celui qui pleure et celui qui rit, est un lieu commun fort ancien qui ne repose sur rien mais qui n'est pas entièrement absurde.

LE VRAI DANS LE VIN

Page 266.

1. *Surène* : voir p. 128, n. 1.

CÉLÉBRATION DU 14 JUILLET

Page 275.

1. *Grand-père* : faut-il faire remarquer que ni en 1859, date où cette pièce a été écrite, ni en 1865, date de publication, Hugo n'est

pas encore le grand-père de l'imagerie populaire. En 1865 cependant (voir couverture) il porte déjà la barbe.

SOUVENIR DES VIEILLES GUERRES

Page 276.

1. *Navarre* : ce récit des guerres napoléoniennes portait primitivement le titre de « Raconté par mon oncle ». Le général Louis Hugo avait en effet servi en Espagne, comme son frère, père du poète. On remarquera, au premier vers, la substitution de la république à l'empire.

2. *Marine-sur-Seine* : Marines, unique localité de ce nom, est, au cœur du Vexin, à une vingtaine de kilomètres de la Seine.

Page 278.

3. *Trabucaire* : le trabucaire, bandit pyrénéen, est un des personnages importants de l'espagnolisme hugolien.

L'ASCENSION HUMAINE

Page 280.

1. *Pérou* : le Pérou était un gros exportateur du salpêtre qui servait à faire la poudre utilisée dans les mines.

2. *Rio-Madera* : la Madeira est une rivière d'Amérique du Sud, affluent de droite de l'Amazone.

3. *Égine* : découverts en 1811, achetés par le prince royal de Bavière, les bas-reliefs d'Égine ont passionné de nombreux artistes et écrivains du XIXe siècle, en particulier Victor Hugo qui les évoque, dans le poème « A Canaris » des *Chants du crépuscule*. L'adjectif « subtil » leur convient peut-être mal, mais correspond à une vision globale de l'art grec, totalement fantasmatique, que Hugo n'est pas le seul à avoir. Tout le passage, d'ailleurs, « soude » et « joint » d'une manière assez vertigineuse des noms propres que l'on n'a pas l'habitude de trouver ensemble : La Mettrie, philosophe matérialiste du XVIIIe siècle, Montyon (1733-1820), fondateur des prix de vertu, Anaximandre, philosophe ionien, Destutt de Tracy, « idéologue » de la fin du XVIIIe siècle, l'école d'Alexandrie et son spiritualisme, l'école écossaise dite « du sens commun », et les chartreux de saint Bruno. Tous ces noms sont reliés par des associations souvent lâches et toujours imprévues (par exemple Œdipe et Montyon).

Page 282.

4. *Poissy* : avant la création du marché de la Villette, en 1866, un important concours d'animaux de boucherie se tenait à Poissy, village sur la Seine, en aval de Paris.

5. *Sarlabot* : la ferme Sarlabot, près de Dives, dans le Calvados, doit sa gloire au bœuf gras, Sarlabot VI, qui obtint le premier prix au concours international de bétail de Gand, en 1863 ; le boucher du roi l'acheta, le débita et fonda une société de bouchers qui prit le nom de Sarlabot ; depuis, ce nom fut donné au cortège annuel du Bœuf-Gras à Bruxelles. (Ces renseignements sont donnés par Henri Guillemin dans son édition des *Carnets intimes 1870-1871* de Victor Hugo, Gallimard, 1953, p. 265-266.) Le semoir Jacquet-Robillard avait été à l'honneur en 1860, date à laquelle il avait obtenu une médaille d'or au concours agricole.

Page 283.

6. *Grignon* : depuis 1827, il y avait à Grignon (près de Versailles) une ferme-école qui devint, en 1848, école nationale d'agriculture.

7. *Saint-Gobain* : la manufacture de glaces de Saint-Gobain (Aisne) remonte au XVIᵉ siècle.

Page 285.

8. *Marly* : la machine de Marly avait été construite en 1676 pour alimenter en eau de la Seine le château, le parc et la ville de Versailles. Considérée à l'époque comme une merveille de la technique, elle élevait l'eau de 154 mètres par un mécanisme compliqué. En 1859 fut inaugurée une nouvelle machine plus efficace.

Page 287.

9. *Rhamsès* : la présence de deux hommes de guerre surprend dans ce poème et dans ce recueil. La propagation de la lumière par la guerre est une notion qui, en 1859, n'est plus guère de saison dans les milieux républicains. *Amphion* : fils de Zeus et d'Antiope. Au son de sa lyre, les pierres se rangèrent d'elles-mêmes pour élever les murs de Thèbes.

Page 288.

10. *Penn* : ces trois bienfaiteurs de l'humanité le sont à des titres divers. Jenner, pour avoir inventé la vaccination, Jackson (1805-1880) pour avoir découvert les propriétés anesthésiantes de l'éther (il est, aux yeux de Hugo, l'homme qui a vaincu la douleur),

William Penn, colonisateur de la Pennsylvanie, pour des raisons moins claires. Est-ce, comme le dit Albouy, à cause de sa réforme des prisons ? Ou de sa défense de la liberté de conscience ?

Page 289.

11. *Fil* : le fil est celui du paratonnerre dont Franklin est l'inventeur.

12. *Nemrod* : ennemi de Dieu et des hommes, Nemrod est un personnage clef dans la fable hugolienne. Toute une section de *La Fin de Satan* lui est consacrée.

LE GRAND SIÈCLE

Page 293.

1. *Lavrillière* : il peut s'agir de Louis Phélypeaux, duc de La Vrillière, comte de Saint-Florentin (1705-1777), ministre des Affaires générales de la religion réformée, homme de confiance de Louis XV, ou de son père (1672-1725) qui occupa également ces fonctions. Ce qui montre que, dans beaucoup de cas, l'identification importe moins que le qualificatif que Hugo, plus ou moins arbitrairement, colle à un nom qu'il a dans la mémoire. Pour Roquelaure, voir p. 164, n. 11.

ÉGALITÉ

Page 295.

1. *Rachel* : la grande tragédienne Rachel venait de mourir au moment où Hugo écrivait ce poème.

Page 296.

2. *Lenôtre* : Le Nôtre, le jardinier de Versailles, en qui Hugo voyait un symbole de l'anti-nature des classiques.

VA-T'EN, ME DIT LA BISE...

Page 303.

1. *Quos ego* : voir p. 90, n. 9.

À UN AMI

Page 307.

1. *Marat* : Hugo reprend ici le thème de sa « Réponse à un acte

d'accusation » et d'« Écrit en 1846 », autre poème des *Contemplations* où le nom de Marat apparaît dans des conditions similaires. Faire de La Harpe, grand admirateur de Racine, le pourfendeur de Pradon, est moins significatif. Pour *de Maistre*, voir p. 219, n. 1.

CLÔTURE

Page 313.

1. *Amaryllis* : Amaryllis est un personnage de la première églogue de Virgile.

Page 316.

2. *Perlet* : Adrien Perlet (1795-1850) joua le vaudeville au Gymnase sous la Restauration. Le P. Delacroix de Ravignan (1795-1850) avait prêché les conférences de carême à Notre-Dame (il avait succédé à Lacordaire). C'est lui qui avait été choisi, en 1855, pour prêcher le carême aux Tuileries.

Page 318.

3. *Vadé* : le nom du créateur du genre « poissard » (1720-1757) est d'autant plus inattendu ici que c'est le seul nom de chansonnier que contienne le recueil.

AU CHEVAL

Page 319.

1. *Tempé* : l'enlisement des soldats d'Hannibal dans les « délices de Capoue » s'oppose à l'activité poétique, symbolisée par la vallée de Thessalie qui lui est, depuis l'antiquité, associée.

Page 321.

2. *Démogorgon* : personnage symbolique, représentant la matière, le « démon de la terre ». Hugo a pu être guidé par une fausse étymologie, croyant que les deux premières syllabes indiquaient la même racine que le mot grec désignant le peuple ($\delta\tilde{\eta}\mu o\varsigma$) alors qu'il s'agit de démon.

Page 325.

3. *Anankè* : Anankè, la fatalité grecque, est le titre d'un chapitre de *Notre-Dame de Paris*.

Page 326.

4. *Isis* : la déesse dont, selon la tradition, personne ne pouvait soulever le voile, est ici représentée comme la gardienne du secret impénétrable : d'où l'idée du doigt sur la bouche, geste associé également au secret.

LES TUILERIES

Page 346.

1. Cette « chanson » appartient au premier projet de « La Poésie de la rue ».

JE SUIS JEAN QUI GUETTE...

Page 348.

1. Publié dans *Toute la lyre* (VII, 23, III).

MARGOT

Page 351.

1. Publié dans *Toute la lyre* (VII, 23, IX).

JE SUIS NAÏF, TOI CRUELLE...

Page 352.

1. Le manuscrit porte l'indication « Chansons des rues et des bois ».

ENVELOPPE D'UNE PIÈCE DE MONNAIE

Page 353.

1. Un titre factice a été ajouté en 1875 à cette pièce pour lui permettre d'entrer dans *L'Art d'être grand-père* (XV, 3). Elle date du 9 juin 1859.

LES REÎTRES

Page 354.

1. Publié dans *La Légende des Siècles* (deuxième série, V, II, 6).

LE PARISIEN DU FAUBOURG

Page 357.

1. Publié dans *Les Quatre Vents de l'esprit* (III, 51).

2. *Porcherons* : faubourg de Paris, correspondant à l'actuel quartier de la Trinité, qui fut très à la mode au XVIIIe siècle. Il avait perdu de son chic au XIXe, mais un opéra-comique intitulé *Les Porcherons* avait été représenté avec succès en 1850.

3. *Courtille* : la Courtille, quartier de Belleville très populaire devenu au XIXe siècle le quartier des plaisirs. La « descente de la Courtille » était un des épisodes du carnaval.

À UN RAT

Page 359.

1. *Nonottes* : Armand de Pontmartin (1811-1890) fut un critique hostile à Hugo. Sur Nonotte, voir p. 89, n. 7.

2. *Patouillets* : un autre jésuite ennemi de Voltaire.

3. *Veuillot* : Veuillot (le grand journaliste catholique, ennemi de Hugo) est au père Garasse (1585-1631), pamphlétaire, grand adversaire des libertés, ce que Pontmartin est à Nonotte.

4. *Caro* : Taschereau (1801-1876), journaliste et érudit, fut nommé en 1858 administrateur général de la Bibliothèque nationale. Vapereau est l'auteur d'un *Dictionnaire universel des contemporains*, Caro (1826-1887) un philosophe éclectique. Tous les trois écrivirent contre Victor Hugo.

5. *Antin* : *L'Ermite de la Chaussée d'Antin*, série de textes satiriques et descriptifs d'Étienne de Jouy, qui avaient eu, dans les dernières années de l'Empire, un grand succès. Plus tard, Étienne avait été un des ennemis de Hugo.

VENEZ NOUS VOIR DANS L'ASILE...

Page 368.

1. Ce poème a été publié dans *Les Années funestes* (28).

N'AYANT NI BOIS NI COTEAUX...

Page 369.

1. *Flicoteaux* : restaurant d'étudiants situé place de la Sorbonne.

LÆTITIA RERUM

Page 370.

1. Cette pièce qui, dans la copie de Victoire Étasse, ne faisait qu'une avec la suivante (« Printemps »), a été publiée sous cette forme dans *L'Art d'être grand-père* (III, 2).

PRINTEMPS

Page 372.

1. Voir note précédente.

CHOSES DU SOIR

Page 373.

1. Cette pièce a été publiée dans *L'Art d'être grand-père.*

VISIONS DE LYCÉEN

Page 376.

1. *Chompré* : Pierre Chompré (1698-1760), auteur d'un *Dictionnaire de la fable* très utilisé dans les classes.

SUR UN HISTORIEN À L'USAGE DES COLLÈGES

Page 379.

1. *Être* : nous n'avons pu identifier cet être, cible de ce poème extraordinairement violent.

2. *Loriquet* : le père Loriquet est l'auteur d'une *Histoire de France à l'usage de la jeunesse,* parue chez Rusand en 1810. Voltaire se gaussa, on le sait, de l'abbé Trublet dans la satire du *Pauvre Diable.*

3. *Félibien* : Dom Félibien, érudit bénédictin (1665-1719).

À J. DE S..., LABOUREUR À YVETOT

Page 382.

1. La référence explicite au « roi d'Yvetot » de Béranger, et l'anticléricalisme du poème (Hugo avait songé à lui donner pour titre :

« Les Missionnaires ») expliquent qu'il ait été réservé pour *Les Quatre Vents de l'esprit* (III, 50).

2. *Bembo* : Pietro Bembo, poète vénitien (1470-1547), auteur de dialogues sur l'amour et de sonnets.

3. *Sanchez* : Thomas Sanchez (1550-1610), jésuite espagnol que Pascal prend souvent à partie dans les *Provinciales*.

4. *Iblis* : le prince des démons du *Coran*, dont Hugo fait le héros du poème de *La Légende des Siècles*, « Puissance égale bonté ».

5. *Musard* : Musard (1789-1853), chef d'orchestre de bals publics, fondateur du « concert Musard », rue Vivienne, l'inventeur, dit Larousse, « de ces airs de danse dignes du sabbat ».

6. *Santeuil* : probablement Jean de Santeuil (1630-1697), poète en langue latine, chantre des exploits de Louis XIV.

RENCONTRE D'UNE PETITE FAGOTIÈRE

Page 388.

1. Ce poème a été publié dans *Les Quatre Vents de l'esprit* (III, 49).

CHANSON D'AUTREFOIS

Page 389.

1. Ce poème a été publié dans *Les Quatre Vents de l'esprit* (III, 3, 1).

2. *Régnier* : Mathurin Régnier (1573-1613), neveu de Desportes et adversaire de Malherbe.

RUPTURE AVEC CE QUI AMOINDRIT

Page 392.

1. Ce poème a été publié dans la dernière série de *La Légende des Siècles* (XIV). A-t-il jamais été, comme le supposent Jacques Seebacher, Journet et Robert, Albouy, destiné à servir d'épilogue aux *Chansons* ? Nous ne croyons guère à cette hypothèse, le poème étant postérieur à la remise du manuscrit à Juliette et ne figurant pas dans la copie de Victoire Étasse.

2. *Porcherons* : voir p. 358, n. 2.

Notes

3. *Escobar* : Escobar y Mendoza (1589-1669), casuiste espagnol, cible de Pascal et même de Boileau.

4. *Mézeray* : François-Eudes de Mézeray (1610-1683), historien français dont Hugo utilisa les œuvres.

DANS UN VIEUX CHÂTEAU

Page 397.

1. *Parabère* : la comtesse de Parabère (1693-1750) fut la maîtresse du Régent.

ÉCRIT SUR LE MUR DE VERSAILLES

Page 397.

1. Bien que ce poème, publié dans *Toute la lyre* (I, 23) soit difficilement datable de façon précise, il appartient clairement à la série « classicisme » dont « Le Chêne du parc détruit » et « Le Grand Siècle » sont, dans le recueil définitif, les représentants. Voir également les deux poèmes suivants.

2. *Frontin* : un valet de Lesage. Pour Fronsac, voir p. 203, n. 2.

À PROPOS D'UNE GRILLE DE BON GOÛT

Page 398.

1. Bien que ce poème ait été retouché en 1870, il était, dans sa version première, destiné aux *Chansons*. Il est mentionné dans une note du mois d'août 1865, ainsi que le poème « À un rat », sans qu'il soit possible de comprendre exactement ce que Hugo envisageait alors. Publié dans *Toute la lyre* (IV, 20).

L'EX-BON GOÛT

Page 401.

1. Ce poème a été publié en 1942 dans *Océan*.

MAUVAISES LANGUES

Page 402.

1. Ce poème a été publié dans *Toute la lyre* (VII, 5).

CHANTONS LE PUISSANT AMOUR...

Page 403.

   1. *Caÿstre* : voir p. 46 n. 1.
   2. *Moschus* : voir p. 54, n. 5.
   3. *Terpandre* : voir p. 111, n. 1.
   4. *Gentil-Bernard* : Pierre-Auguste Bernard, dit Gentil-Bernard (1710-1775), poète « érotique », auteur d'un *Art d'aimer*.

LE MARQUIS DE BADE A DEUX CORNES...

Page 405.

   1. Ce poème a été publié dans *Toute la lyre* (VII, 15).

QUAND DE CHAMBORD ON APPROCHE...

Page 406.

   1. *Baroche* : Pierre-Jules Baroche (1802-1870), un des artisans du coup d'État, dignitaire de l'Empire, est une des cibles favorites de Victor Hugo. Il alla mourir à Jersey.
   2. *Romorantin* : on pense ici au général Hugo, et à sa propriété de la Miltière.

Table 439

LIVRE SECOND

SAGESSE

I

AMA, CREDE

II

OISEAUX ET ENFANTS

III

LIBERTÉ, ÉGALITÉ, FRATERNITÉ

Table   441

Ce volume,
le cent soixante-deuxième de la collection Poésie,
a été achevé d'imprimer sur les presses
de l'Imprimerie Bussière à Saint-Amand (Cher),
le 2 juin 1995.
Dépôt légal : juin 1995.
1ᵉʳ dépôt légal dans la collection : mars 1982.
Numéro d'imprimeur : 1543.
ISBN 2-07-032225-4. / Imprimé en France.

73102